Before & Afterでわかる

ICT超活用

授業ハック

子どもが思考する
時間を生み出す

前多昌顕　Masaaki Maeta

JN241251

明治図書

はじめに

　先日参加した教育イベントで，「誰ひとり取り残さない授業は本当に実現できているのか」という問いに直面し，深く考える機会を得ました。結論として，残念ながら「まだ実現できていない」というのが私の答えです。

　「誰ひとり取り残さない授業」は，長年にわたり多くの教師が目指してきた理想です。しかし何十年もずっと飾られ続けた「絵に描いた餅」であることも否定できないと思います。特に公立小学校では，多様な特性のある数十名の子供たちが集う学級で，担任の力だけで誰ひとり取り残さないのは困難です。

　しかし近年，ようやくその理想を追求できる環境が整いつつあります。ＧＩＧＡスクール構想により，子供たち一人ひとりに端末が配付され，教室にはWi-Fiが設置されました。すべての子供たちがネットワークに接続できるこの環境こそ，「誰ひとり取り残さない授業」を実現するための土台となります。

　私は初任の頃から30年以上にわたり，ＩＣＴの教育活用に取り組んできました。当時は，教室や職員室でネットを使うために，管理職と協力して床に穴を開けたり，廊下にケーブルを這わせたりと，手探りでネットワークを構築していました。それが今では，ＩＣＴ機器は鉛筆や消しゴムのように当たり前の道具となりました。

　本書では，ＩＣＴを日常的に活用し，「誰ひとり取り残さない授業」を目指すための具体的な方法と実践例を紹介しています。ただし，「見方・考え方を働かせる」や「資質・能力の育成」についての具体的な言及はしておりません。これらのテーマについては，私よりも深く研究されている方々の著書をお読みいただければ幸いです。

　私がずっと取り組んできたのは，「ＩＣＴ機器を活用して授業を効率良く

進め，時間を生み出す」という点です。ICTを効果的に活用することで，授業中の様々な時間が短縮されます。その生み出した時間で，子供たちがじっくりと見方・考え方を働かせ，資質・能力を育成する授業に取り組んでほしいと願っています。

　ICTの操作に不慣れな方でも安心して取り組めるよう，詳しい手順や図解を用意しています。また，特設サイトでは操作動画を提供し，スムーズなスタートをサポートします。

　すでにICTを日常的に使用している先生も，本書から新たなヒントやアイデアを得ることができるでしょう。より効率的な授業運営や，子供たちの深い学びを促す方法など，さらなる深みへと踏み込むことができます。

　「これらはすでにすべて実践している」「お前なんかより私のほうが進んでいる」という方は，ぜひその取り組みを世の中にシェアしてください。

　子供たちの未来に橋をかけるために，最新のテクノロジーを取り入れ，より効率的で効果的な授業を実現する一助として，本書がお役に立てることを心より願っています。

2024年12月

前多昌顕

この本の使い方

第2章の実践紹介は，原則として前半2ページが指導案の Before & After，後半2ページで授業の流れや活用ツールの操作手順というページ構成となっています。

左ページでは、一般的な授業の流れを「導入」「展開」「終末」に分けて記載しています。

Pattern04　動画の撮影 ▷

5 年　国語

同じ読み方の漢字

漢字の意味を調べて動画にまとめ，共有する

活用ツール　Canva／Padlet

ねらい

・同音異義語，同訓異字について知り，それを生かして漢字を読んだり書いたりする。

Before 指導案

指導内容

導入	・教科書の例題に取り組み，日常生活の同音異義語に気づく。 ・本時のめあてを確認する。
展開	・解説を読み，問題に取り組む。 ・漢字辞典で同じ読み方の言葉を集め，意味を調べてノートに書く。
終末	・全体で確認する。 ・振り返る。

068

できるだけ紙面だけで伝わるように努力しましたが，伝わりきらない点が多々あると思います。そこで，操作手順を動画で確認できる特設サイトを用意しました。

ＩＣＴをフル活用するために，一般的な授業の流れにどう組み込むのか，またその裏にはどんな意図があるかを詳説しています。

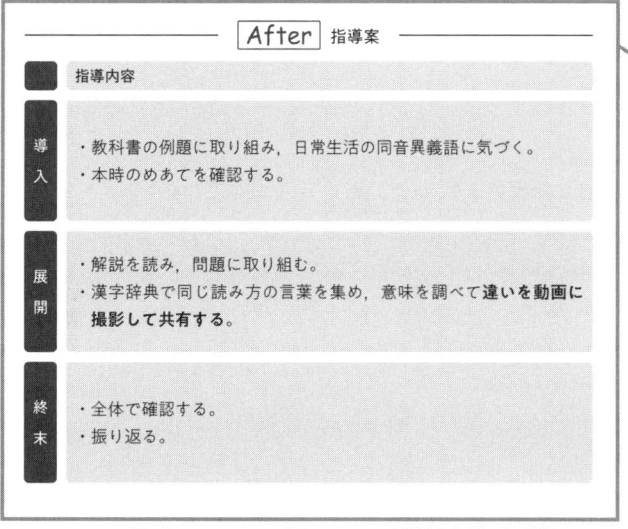

Before & After のポイント

　教科書に例示されている同音異義語を一組選び，文字から意味の違いを考えさせる活動です。その後，辞書で調べて2つの熟語の意味の違いを確認していきます。

　これまでノートでの個人活動として取り組んでいたものを，同音異義語の意味の違いについて最初に考えたことと調べてわかったことを説明する様子を動画に撮って共有するようにします。早く終わった子は他の語句に取り組むこともできますし，友達が投稿した動画を視聴してさらに学びを深めることができます。

After	指導案

指導内容	
導入	・教科書の例題に取り組み，日常生活の同音異義語に気づく。 ・本時のめあてを確認する。
展開	・解説を読み，問題に取り組む。 ・漢字辞典で同じ読み方の言葉を集め，意味を調べて**違いを動画に撮影して共有する。**
終末	・全体で確認する。 ・振り返る。

第2章　Before & After でわかる ＩＣＴフル活用が当たり前になる授業　069

右ページでは，どのようにアレンジをしてＩＣＴを活用しているかを記載しています。主なＩＣＴの活用場面は太字にしてわかりやすくしています。

右のＱＲコードをスキャンしてユーザー名・ＰＷを入力し，サイトをブックマークしてお使いください。

ユーザー名：441629
ＰＷ：Jugyouhack

CONTENTS

第 **1** 章

ＩＣＴフル活用授業を始めるために
知っておいてほしいこと

第2章

Before & After でわかる
ＩＣＴフル活用が当たり前になる授業

第 1 章

ICTフル活用授業を
始めるために
知っておいてほしいこと

ＩＣＴは所詮手段なのか？

■若手時代に受けた指導

「ＩＣＴは所詮手段であり，ＩＣＴを使うことが目的になってはいけない」

これは，私が若手の頃に多くの先輩方からいただいたご指導の言葉です。当時，学校に導入されたばかりのプロジェクタにパソコンを繋ぎ，PowerPoint で作成した資料や Google Earth の画面を投影する授業を頻繁に行っていました。自分では無理してＩＣＴを使っているつもりはなかったのですが，先輩方の目には，ＩＣＴを使うこと自体が目的になっているように映っていたのでしょう。その頃の私は，素直で従順だったので，長時間の指導も黙って聞いていました。

■ＩＣＴを使うことが目的になる時期の重要性

現在でも「ＩＣＴは所詮手段」という指導を耳にすることがありますが，私はこの考えに賛成できません。ＩＣＴを授業で使い始めたばかりの教師には，まず「ＩＣＴを使うこと自体が目的になる時期」が必要だと考えています。**その時期を経ずして，ＩＣＴを日常的に活用する授業は実現できません。**

■自動車の運転とＩＣＴ活用の類似性

運転免許を取得したばかりの頃，１人で初めて路上を運転したときのことを思い出してください。ドキドキしながらも，運転そのものが楽しくて，特に目的地もなくその辺りを走り回った経験はありませんか？　ＩＣＴ活用も同じで，まずは使うこと自体を楽しむ時期があって当然です。試行錯誤しながらＩＣＴを活用した授業を展開し，教師も子供たちもその楽しさと便利さを満喫することが大切なのです。

■初心者がいきなり大きな目標をもつリスク

　運転初心者がいきなり「青森から東京ディズニーランドに行く」といった大きな目的をもって運転すると，危険が伴います。途中で事故を起こすかもしれません。同様に，ＩＣＴ初心者の教師が，いきなり高度な目標を設定して授業を行おうとすると，上手くいかない可能性が高まります。まずは気軽にＩＣＴを活用し，徐々に慣れていくことが重要です。

■気兼ねなくＩＣＴを活用することのすすめ

　普段の授業で，気兼ねなくＩＣＴを活用し，教師自身が楽しむことが大切です。公開授業や研究授業でＩＣＴをフル活用するのは，教師と子供たちがＩＣＴ活用に慣れてからでも十分間に合います。

初心者ドライバーには
「運転が目的」の段階がある

ICTを使い始めた先生も同様に
「活用が目的」の段階があってよい

いきなり高度な目標を立てずに
まずは気軽に使い始め、
徐々に慣れていく。

なぜＩＣＴを活用した授業を
難しいと感じる教師が多いのか

■ＩＣＴ活用の現状

　ＧＩＧＡスクール構想で１人１台端末が実現してから５年目になりますが，依然としてＩＣＴを活用した授業を苦手に感じる教師は少なくありません。「授業にＩＣＴは不要，アナログが一番，紙が最高！」と公言する人もいます。年齢層が高くなるほどこの傾向が強いですが，どの年代にも同様の意見をもつ人がいます。

■授業のイメージの欠如

　「ＩＣＴを活用した授業を参観しても，自分がＩＣＴを使った授業を受けていないからイメージがもてない」という声を多く聞きます。私のように50歳を過ぎた教師であれば，小学生の頃にはＯＨＰが最先端で，ＩＣＴを活用した授業は存在しませんでした。

■ＩＣＴ活用授業を受けた経験がほとんどない

　現在30代半ばの教師は，学校にWindows95のパソコンが導入され始めた頃に高学年だった世代です。しかし，この年代の教師でもＩＣＴを使った授業を受けた経験は極めて稀です。20代でも同様で，ほとんどの教師はＩＣＴを活用した授業を受けたことがありません。

　そのため，ＩＣＴをどのように活用すれば良いのか，具体的なイメージをもてないのです。ＩＣＴ活用の公開授業を参観しても，「すごいけど，この先生だからできる。自分には無理だ」と感じてしまいます。その結果，「ＩＣＴを使わなくても今まで授業できているのだから，困らない」と考える人も出てきます。

■日常的なＩＣＴ活用の重要性

　ＩＣＴを活用した授業の普及には，教師自身がＩＣＴの利用に慣れ，その楽しさと便利さを実感することが重要です。**特別な公開授業ではなく，日常の授業でＩＣＴを活用する姿を見ることが，抵抗感を取り除く鍵**となります。

　しかし，普通に勤務している中では，そのような機会はなかなか得られません。だからこそ，この本を通じて普段使いの授業が増えていけば，教師間の相互作用でＩＣＴ活用への抵抗感や特別感が減っていくと考えています。これにより，ＩＣＴは単なる手段ではなく，授業の質を高めるための強力なツールとして活用されるようになるでしょう。

 自分がICTを使った授業を受けていないから
イメージがもてない。

 すごいけど、この先生だからできること。
自分にはできないな…。

ICTを使わなくても
今まで授業できているのだから、困らない
という思考に

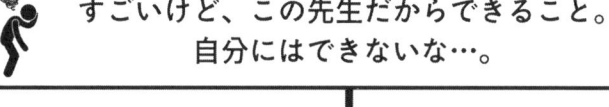

特別なものとして見せるのではなく、
日常の授業で活用する様子を見る機会があれば
その抵抗感を取り除くことができる。

ＩＣＴにはそんなに詳しくなくていい

　以前，世界的なＩＣＴ企業の方と食事する機会がありました。その頃の私は，日本各地の実践者と交流するようになり，自分の知識やスキルの不足に劣等感を抱いていました。その思いを企業の方に話したところ，次のような言葉をいただきました。

　「我々ＩＣＴ企業から見れば，先生方のＩＣＴ知識やスキルの差は大きく感じません。しかし，我々の製品を効果的に授業で活用するアイデアや情熱には，いつも驚かされます」

　このお話を聞いたことで，私は臆することなくＩＣＴの教育活用を進め，それを外部に発信できるようになりました。

■必要な知識とスキル

　ＩＣＴを活用した授業を行うために，ＩＣＴに精通する必要はありません。もちろん，ある程度の知識やスキルは必要ですが，校務でパソコンを使っているのであれば，新しく覚えることはそれほど多くありません。重要なのは，「どのアプリやサービスで何ができるか」という大まかな知識と，**ＩＣＴで授業を改善したいという課題意識**です。

■声をあげよう

　「こんなことをしてみたい」「これはできるのかな？」と思ったら，思いを内に秘めずに表に出しましょう。自分ができなくても，周りの誰かが助けてくれるかもしれません。校内で解決しなければ，ＳＮＳで質問してみるのも良いでしょう。私に直接質問していただいても構いません。一緒に実現に向けて考えていきましょう。

苦手教科でこそICTを活用する

■苦手教科でのICT活用の重要性

　ICTをフル活用した授業をするなら，最初は得意な教科から始めるのが自然です。しかし，ある程度慣れてきたら，苦手な教科でこそICTの活用を模索してほしいと思います。

■私の場合

　私は音楽の授業が本当に苦手でした。教員採用試験のピアノ伴奏も，左右の人差し指だけでなんとか切り抜けました。各教室にCDプレイヤーが設置されているおかげで，ピアノが苦手でも最低限の授業はできていました。

　実は体育も苦手です。運動が苦手なため，手本を見せたり，的確にアドバイスしたりすることができませんでした。しかし，1人1台端末環境の実現で，私の体育の授業は劇的に変わりました。YouTubeの動画を活用して手本を示し，子供たちがお互いに動画を撮影しアドバイスし合うことで，主体的で話し合いのある授業が可能になりました。

■書写の授業でのICT

　毛筆の授業でも，ICTを使うことで大きな変化がありました。これまでの授業では，乱暴な書き方をする子に対して「たくさん書いて，良いのができたら出して」と指示する程度でした。しかし，ICTを活用するようになってからは，試し書きを写真に撮り，教科書の手本と比較して改善点を考えるプロセスを取り入れました。さらに，ビフォーアフターを比較し，進歩を可視化することで，子供たちが考えながら毛筆に取り組むようになりました。

■苦手教科へのＩＣＴ導入の効果

　最初は苦手な教科なので苦労するかもしれません。しかし，そこにＩＣＴを導入することで「苦」から「楽」に変わる可能性が大きいのです。

　苦痛に感じていた授業が，ＩＣＴを使うことで「普通」に感じられるだけでも大きな進歩です。これからＩＣＴをフル活用した授業を展開したいと思っている方は，ぜひ苦手な教科でのＩＣＴ活用を考えてみてください。

苦手な教科の授業は苦しい…

苦しい授業　×　ICTの導入　＝　「楽」に変わる可能性

ICTを取り入れて「普通」になるだけでも大きな進歩！

ＩＣＴ活用で求められる我慢

■ＩＣＴ活用には我慢が必要

　ＩＣＴを活用していると，我慢を求められる場面に遭遇することがあります。これは子供たちではなく，教師自身が我慢する必要があるという意味です。

　ＧＩＧＡスクール構想が始まる以前，私は管理職と相談して独自に１人１台端末の授業を行っていました。ある日，国語の授業で島崎藤村の「椰子の実」を朗読していたとき，１人の児童が突然端末で何かをし始めました。最初は驚きましたが，範読中だったため特に注意せずにそのまま続けました。そのうち，その児童は端末を閉じて授業に参加しました。

　授業後に何をしていたのか尋ねると，「椰子の実がどんなものか知らなかったので調べていました」とのこと。もしその場で叱っていたら，彼女の自主的な学びを妨げ，ＩＣＴに対するネガティブな印象を与えていたかもしれません。この経験から，ＩＣＴを活用する上で教師が我慢し，状況を見守ることの重要性を実感しました。

■若者に継承される昭和の価値観

　あるニュースで，有名なスポーツ選手の講演会に参加した高校生が「メモをスマホやパソコンで取るのは失礼だ」と感じたというエピソードを目にしました。年配の方ならともかく，若者にもこうした価値観があることに驚きました。ＩＣＴは便利なツールであり，適切に使えば手書きよりも効率的です。テクノロジーの活用を「失礼」と考えるのではなく，その利便性を理解し活用することが大切です。**古い価値観を無批判に継承するのではなく，ＩＣＴの良さを認め，新しい価値観を築いていく姿勢**が求められます。

■教師の役割

　私たち教師は，従来の価値観にとらわれず，一旦立ち止まって状況を理解し，我慢することが大切です。

　そして，子供たちに自主的な学びの機会を与え続けることが重要だと感じます。

話しているのに
端末を操作する
なんて許せない！

⟷

わからないことを
調べていただけ
だったのに…
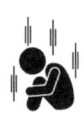

子供の学ぶ意欲を妨げないために

「教師の我慢」
＝
新しい価値観の構築が必要

テクノロジー活用は
失礼か？

静かに話を聞くこと
だけが良い態度か？

など、立ち止まって
考えてみる。

様々なアプリに手を出す

■サービス終了のリスク

　拙著『先生のためのＩＣＴワークハック』（明治図書）や共著『逆引き版ＩＣＴ活用授業ハンドブック』（東洋館出版社）で，私は Flipgrid というアプリを強く推していました。このアプリは，動画を使った非同期でのコミュニケーションが無料で容易にできる優れたサービスでした。しかし，2024年にはサービスの終了が発表され，9月末には過去のデータへのアクセスも停止されました。Flip の終了以上に教育界に衝撃を与えたのが，2023年9月末に発表された Google Jamboard のサービスの終了です。ＧＩＧＡスクールのスタートアップは，無料で使える Jamboard があったからこそ進められたといっても過言ではありません。

■様々なアプリを試す重要性

　無料のサービスは突然終了したり，機能が制限されたりする可能性があります。1つのサービスに依存すると，提供停止時に授業が止まってしまいます。しかし，複数のアプリを使えるようにしておけば，「今日はこのアプリが使えないから別のアプリを使おう」と柔軟に対応できます。

■広く浅く使ってみる

　たくさんのアプリがあっても，すべてを深く使いこなす必要はありません。優れたアプリは操作方法が似通っており，基本的な使い方さえ覚えれば十分です。また，教師が使いこなせなくても，子供たちはすぐに適応します。

　1つに絞らず，広く浅く手を出すことを強くおすすめします。**重要なのは，アプリを深く使いこなすことではなく，授業を円滑に進めることです。**

端末使用を禁止するのは悪手

■制限の弊害

　ＩＣＴを活用していると，機器のトラブルやネットの不具合，端末の故障，授業中に関係ないページや動画を閲覧するなど，様々な問題が発生します。不適切な使用があった際，ペナルティとして端末の使用を禁止・制限する事例を見聞きしますが，これは極めて悪手です。

　ＧＩＧＡスクール以前から，悪口や陰口が書かれた紙が発見される事例がありましたが，そのために紙と鉛筆の使用を禁止した例はありません。同様に，ＩＣＴで問題行動があったからといって，端末の使用を禁止するのは適切ではありません。

■子供たちの自主性を尊重する

　安易に制限して子供たちから遠ざけようとすると，ＩＣＴ端末は「先生の許可がなければ使えない特別なもの」となってしまいます。その結果，授業中に端末を使用する場面において，普段抑えられていた「使いたい欲求」が刺激され，余計なことをしてしまいます。

■ルールづくりとデジタル・シティズンシップの育成

　子供たちがＩＣＴを正しく使えるようになるためには，失敗を経験することも必要です。トラブルが起きたときこそ，学びのチャンスです。ルールは大人が一方的に決めるのではなく，子供たち自身に話し合わせてつくるほうが効果的です。自分たちで合意したルールであれば，遵守意識も高まり，自らの行動に責任をもつようになります。

　また，単にマナーやモラルを教え込むのではなく，デジタル・シティズンシップの育成が重要です。これにより，情報の正しい取り扱いやネット上で

の適切なコミュニケーション方法，デジタル社会での倫理観を身に付けることができます。

■教師と子供たちの協力

　ＩＣＴを正しく使いこなすためには，教師と子供たちが協力し，ともに学ぶ姿勢が求められます。**制限や禁止に頼るのではなく，オープンな環境を提供し，子供たちの可能性を広げていくことこそが本当の教育です。**

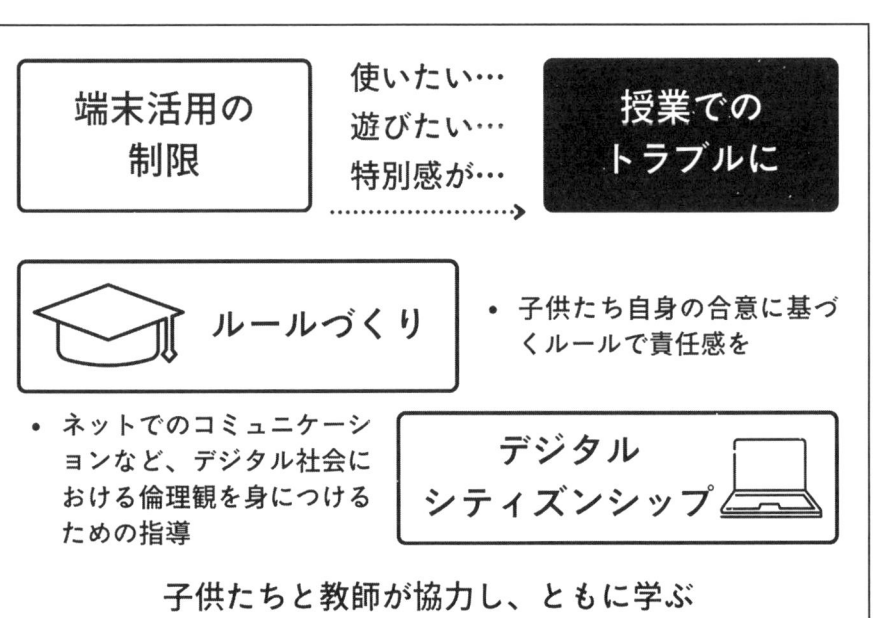

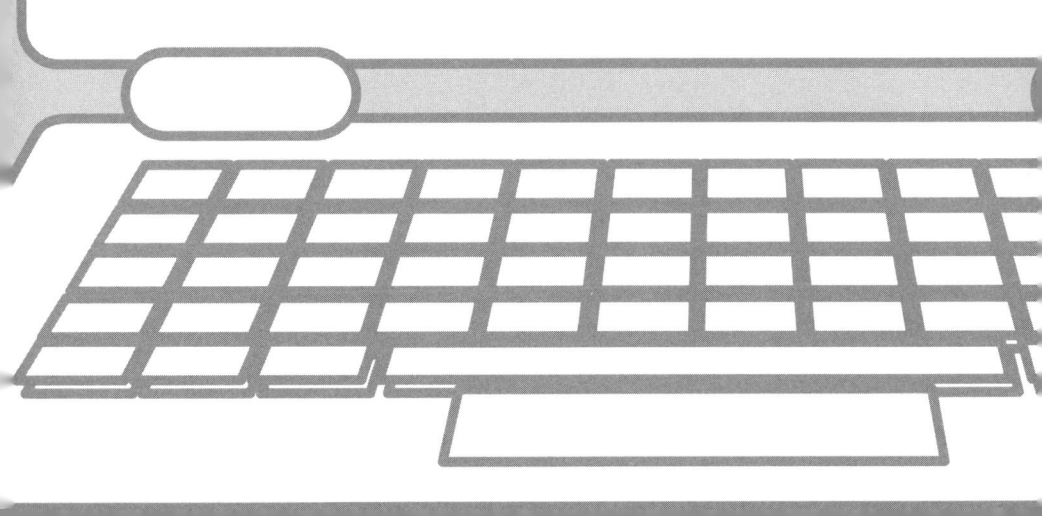

第2章

Before & Afterでわかる
ICTフル活用が
当たり前になる授業

ＩＣＴフル活用授業を成立させる
おすすめアプリ，サービス

01 Google Classroom, Microsoft Teams

　おそらくどこの学校でもなんらかのＬＭＳ（学習管理システム）が導入されていると思います。その気になればこれらのサービスをフル活用するだけで，ＩＣＴ普段使いの授業を実現できます。様々な機能がありますが，私にとって最も重要なのは，児童教師相互に，確実にテキストとリンクを送受信できることです。

　テキストを送受信できることで，授業の流れや様々な指示を子供たちに伝えることができます。子供たちはそれに対するレスポンスを送信することができます。

　ＩＣＴフル活用授業では教師と子供たちとの間に，リンクの導線を確保することが重要です。今学校で使われているアプリの多くは Web アプリです。ファイルはリンクとして管理されています。ひと昔前のようにファイルをアップロードしたり，ダウンロードしたりする必要は，ほとんどありません。**リンクの導線さえ確保されていれば，いかようにも授業をデザインすることができます。**

02 Canva

　簡単に高品質なデザインを作成できるオンラインデザインツールです。使いやすく，たくさんの機能をもっています。テンプレートや素材，フォントの豊富さがもてはやされることが多いアプリですが，私自身はそれよりも，

コラボレーションの快適さに魅力を感じています。

　有限面積のプレゼンテーション画面と無限面積のホワイトボード画面を行ったり来たりできる機能は，他の類似アプリには見られない特徴です。また，Webアプリには珍しく，縦書きができたり，ふりがなを追加できたり，フォントをアップロードできたりします。ＡＩ機能も多数実装されていて，これ1つで様々な活動に対応できます。

03 Google フォーム，Microsoft Forms

　簡単にアンケートや振り返りのフォームを作成できるツールです。Googleフォームは Google スプレッドシートに，Microsoft Forms は Excel に回答データが集積されます。

　授業の振り返りで多く使われますが，子供たちがフォームをつくれるようになると，自分たちで調査活動を始めます。

04 Chrome 描画キャンバス

　Chrome 描画キャンバスは，Google が提供する Web ベースのお絵描きアプリです。ペンを選んだり，色を選んだりと基本的なお絵描きアプリの機能が備わっているので，低学年の端末導入アプリとして最適です。特に操作をしなくても自動的に保存されます。

　レイヤー機能や拡大してドット単位で修正する機能もあるので，学年が上がっても使い続けることができます。

05 Padlet，Wakelet

　複数のユーザーが同じボードを共有して，テキスト，画像，動画，リンクなどの情報を共有できるオンライン掲示板サービスです。授業の内容に合わ

せて，ボードの表示を「ウォール表示」や「セクション表示」など，情報の表示方法を自由にアレンジできます。

Padlet はサービス内で直接撮影したり録音したりできるのですが，無料で作成できるボード数が限られています。

Wakelet は無料でも無制限にボードを作成できますが，動画や音声を扱う場合は，Google ドライブや OneDrive に保存したファイルの共有リンクを貼り付けて使うことになります。また，現時点で日本語化されていません。

06 ふきだしくん

株式会社ティーファブワークスが提供しているシンプルなオンライン掲示板サービスです。ふきだし状の付箋をボードに貼り付けることに特化していて，ペンツールで描画することも，画像や動画を貼ることも，ボードの内容を保存することもできません。しかし，アカウント登録やインストールが不要で，一般的な Web ブラウザさえあれば，誰でも無料で使用できます。1つのボードに同時に100人までアクセス可能で，おそらく一般的な教室であればサービスの接続限界の前に，ルーターのほうの同時接続限界がきます。

自動的にふきだしが重ならないよう配置されるので，他のホワイトボードアプリでは問題となることが多い**「追加時の付箋の重なり」が発生しません。**ボードは翌日早朝には削除されてしまうので，保存したい場合は削除される前にスクリーンショットを撮影する必要があります。

07 カトカトーン

教科書出版社の教育芸術社が提供している音楽制作アプリです。Web アプリなので Web ブラウザさえあればインストール不要でＯＳを問わず使用できます。小学生でも直感的に操作できるように考えられているので，少しレクチャーすると誰でも簡単に音楽をつくることができます。作成した曲は

MP3，MIDIデータ，楽譜（PDF）としてダウンロードできます。

※本書掲載の内容についてのお問い合わせは明治図書にて対応致します。

08 ChatGPT，Gemini，Copilot

それぞれ異なる企業が開発した，代表的な生成ＡＩサービスです。それぞれ異なる特徴をもっているのですが，共通していることは，チャット画面で生成ＡＩと対話するようにやり取りすることで，様々な結果を生成してくれる点です。ただし，生成ＡＩはわからないことや学習していないことでも，もっともらしい結果を生成（ハルシネーションといいます）してしまうので，注意が必要です。

また，ガイドライン（初等中等教育段階における生成ＡＩの利用に関する暫定的なガイドライン）や各社により使える年齢が制限されています。本書で紹介している事例では，小学生が直接生成ＡＩとやり取りしないように配慮して実施しています。

09 Kahoot!，Quizlet

Kahoot! も Quizlet も学習に使えるクイズアプリです。Kahoot! は，リアルタイムに参加者全員が同時にクイズに答えることができます。早く正確に回答するほど高得点が得られる仕組みです。教師がクイズを作成し，ゲームＰＩＮやリンクを発行することで，子どもたちを各自の端末からクイズに参加させられます。Quizlet は，デジタル単語カードを作成・共有することができます。Quizlet Live という機能を使えば，クラス全員でチーム対抗のゲーム形式で学習を進めることができ，協働学習を促進します。

これらのツールを活用することで，従来の授業にゲーム性やインタラクティブ性を取り入れ，子どもの学習意欲を高めることが期待できます。

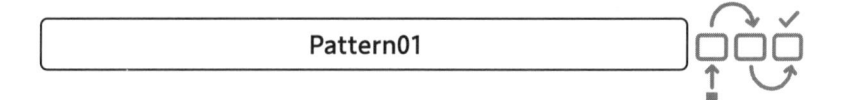
子供たちに授業の流れを配信

活用ツール ▶ Google Classroom／Microsoft Teams 他

01 教材研究と授業準備

　まずは Google Classroom や Microsoft Teams で授業の流れを箇条書きにして毎時間子供たちに伝えることから始めましょう。細かく書く必要はありません。普段行っている教材研究で考えた流れを Google Classroom や Microsoft Teams の課題配信機能で配信するだけです。

　教科書会社が発行している指導書で示されている授業の流れを箇条書きで簡単に転記するだけで十分です。単元テストや行事など，**端末を使わない授業もすべて配信する**のがコツです。これを続けることで，ＩＣＴをフルに活用するためのスタートラインに立つことができます。

02 日常的な端末の使用習慣

　毎日配信することで，子供たちが端末で授業の流れを確認する習慣がつき，コンピュータを触ることが当たり前になります。教師が指示したときだけ端末を使うという「特別」なことではなく，「当たり前」のこととして端末を開く習慣が定着します。

　これにより，端末が鉛筆や消しゴムと同じようなツールとして，手指の延長のような存在となっていきます。

03 リンクの導線を確保する

　ＩＣＴフル活用授業ではＵＲＬリンクの配信が必須となります。授業中に子供たちがGoogle Classroom や Microsoft Teams を開いているのが当たり前になると，リンクの配信がスムーズになります。

　授業準備の段階でわかっているＵＲＬリンクは，最初から授業の流れに記入しておきます。Google Classroom も Microsoft Teams もリンクを埋め込む機能がありますが，それを使わず，授業の流れの箇条書きの途中に，そのままＵＲＬを貼り付けても構いません。多少見栄えは悪くなりますが，授業を進める上では全く問題になりません。見栄えを良くするために授業準備の手数を増やすのは非効率的です。面倒なことは続きません。**手数は極力少なくしてシンプルな作業行程を見つける**のが，ＩＣＴフル活用授業成功の鍵になります。

04 必ず開くＱＲコードはスキャンさせずにＵＲＬリンクを配信する

　現行の教科書では，ＱＲコードでたくさんの資料や教材が提供されています。授業の流れの中で，全員が必ず使う資料や教材がある場合は，子供たちにＱＲコードを読み取らせず，教師がＱＲコードのリンク先のＵＲＬを取得して，Google Classroom や Microsoft Teams で配信しましょう。教師用のデジタル教科書が導入されている場合は，ＱＲコードの部分が必ずリンクになっています。それをクリックしてリンク先を開き，アドレスバーのＵＲＬをコピーして，貼り付けるだけです。デジタル教科書がない場合はタブレットなどで読み取り，ＵＲＬをコピーしましょう。

　子供たちに読み取らせると，上手くいかない子が必ず出てきます。そして，授業のリズムが崩れます。リンクが配信されていると，子供たちはそれをクリックするだけで済みます。

① Google Classroom で課題を配信する手順

　メニューバーの授業をクリックして＋作成をクリックします。展開したメニューで課題をクリックして，授業のタイトルを入力します。課題の詳細には授業の流れが子供たちに伝わるように箇条書き程度で入力します。トピックには教科名（教科ごとに Classroom を分けている場合は単元名）を設定すると，課題を分類して整理できます。すぐに使う課題は右上の割り当てをクリックして配信します。翌日以降に使う課題は日時を指定して割り当てましょう。

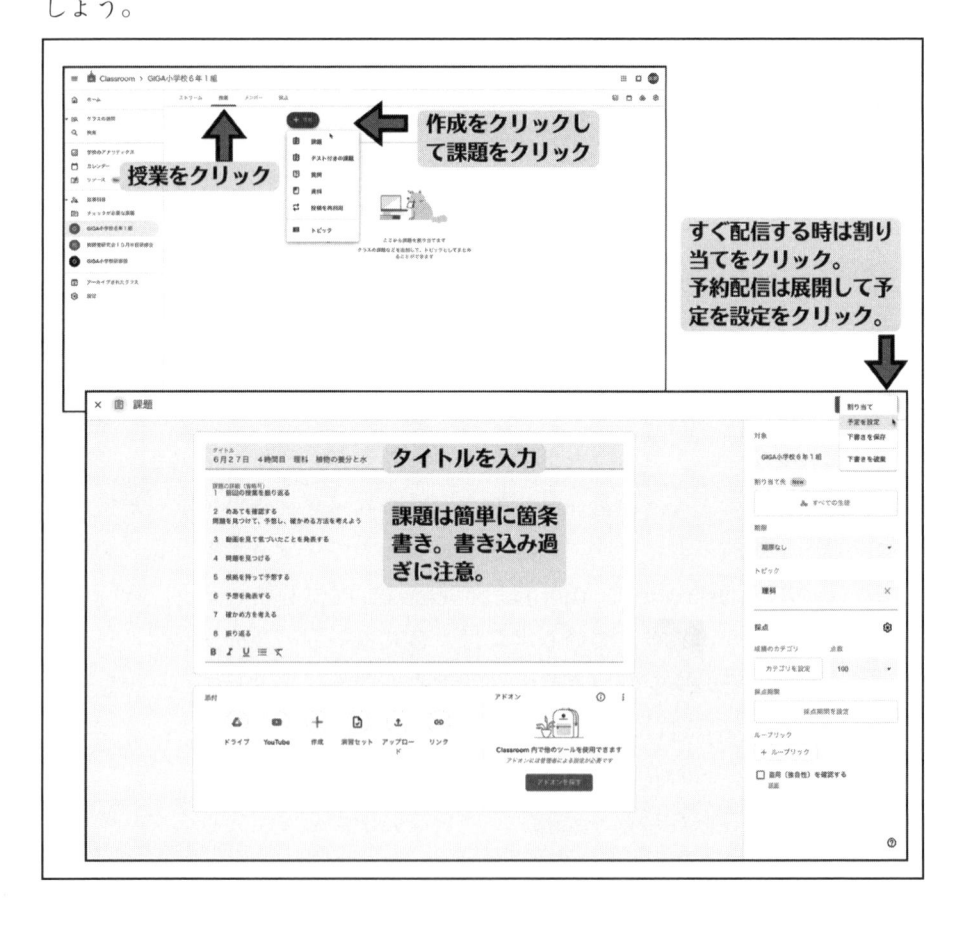

② Microsoft Teams で課題を配信する

　左サイドパネルの課題をクリックして，<u>作成→新しい課題</u>をクリックします。タイトルを入力して，指示には授業の流れが子供たちに伝わるように箇条書き程度で入力します。<u>通知の投稿先</u>で投稿するチャンネルを指定して課題を分類できます。右下の<u>割り当てる</u>をクリックして今すぐ割り当てたり，スケジュールを設定して予約割り当てをしたりできます。

写真の撮影

活用ツール ▶ 各端末のカメラツール／Padlet 他

01 普段使いのＩＣＴ活用への第一歩

　これからＩＣＴフル活用授業に取り組んでいく場合，まずはカメラ機能を使った写真撮影から始めてみましょう。カメラ機能は，タイピングスキルがなくても簡単に使用でき，小学１年生でもすぐに操作可能です。最初は教育的な価値や目的を考えず，子供たちが学校の端末での写真撮影を楽しむことを優先させ，ＩＣＴの活用を特別なものと感じさせずに自然に慣れ親しませていきましょう。最初に指導したいことは，友達の顔や友達の作品を撮る前に撮影しても大丈夫か確認を取らせることです。低学年の頃から肖像権や著作権を意識させる良い機会になります。

02 基本的な撮影スキルの指導

　カメラアプリを起動して撮影ボタンを押すだけで撮影はできますが，いくつか指導しておきたいスキルがあります。

　多くの端末にはインカメラとアウトカメラが装備されており初期設定ではインカメラが起動することが多いようです。子供たちが自分でカメラを切り替えられるように指導しておきましょう。

　また，グリッドを表示するように設定しておくと，被写体を適切にフレームに収めやすくなります。

　学校で使っている端末は，低学年の子供たちが手に持って使うには大きすぎるので，シャッターを押すときに手ブレしやすくなります。タイマー撮影

の仕方を教えることで，子供たちがよりスムーズに，手ブレのない写真を撮影できるようになります。

03 作品撮影と観察活動

　低学年では，図画工作の時間などに作成した自分の作品を撮影したり，生活料の見学記録としてカメラを活用してみましょう。できるだけ多くの写真を撮影し，同じ構図ではなく，異なる角度や距離からの撮影を試みることで，いろいろな方向からモノを見るトレーニングになります。近年は外気温が高くなり外で十分な観察活動ができない場合がありますが，写真を撮影しておくことで，室内で安全に観察させることができます。教師が撮影した写真を観察するよりも，自分で撮影した写真を使って観察したほうが，子供たちの見方が育ちます。

04 写真による情報共有

　中学年以降では，手書きしたノートやプリント，書き込みした教科書を撮影し，Canva などのホワイトボードアプリや Padlet のような情報共有アプリに写真をアップロードすることで，クラス全体で情報を共有できます。

05 撮影した写真に書き込む

　撮影した写真をそのまま使うだけではなく，写真に矢印や文字などを使って書き込みをすると，さらに写真の活用の幅が広がります。Chromebook では Chrome 描画キャンバス，Windows ではペイントアプリ，iPad では写真アプリが標準で画像への書き込みに対応しています。

1年　生活科

あそびにいこうよ

校庭の遊び場で見つけた春を撮影する

活用ツール ▶ カメラアプリ／Padlet

ねらい

・春の公園や野原などで，樹木や草花に親しむ。

Before 指導案

指導内容

導入

・春について話し合う。

展開

・学校の校庭，遊び場で春探しをする。
・見つけた春を紹介する。
・公園や遊び場でやりたいことを考える。

終末

・次は近くの公園に出かけることを知る。
・振り返る。

　五感による春についてのイメージを表出させてから春を探させます。最初はＩＣＴ端末を持たずに春探しをさせましょう。

　ＩＣＴ端末で撮影させるときは端末だけを持たせ，他のものを持たせないようにします。学校で使っている端末の多くは１年生の手には大きすぎるので両手で撮影させるようにしましょう。

　Chromebook と iPad のカメラはズームがありますが，Windows10端末はズームがないので近くに寄って大きく撮影することが難しいこともあります。あとから教師が不要な部分をトリミングしてあげると良いでしょう。手に持てるものは，誰かに持ってもらって撮影させます。

After 指導案

	指導内容
導入	・春について話し合う。
展開	・学校の校庭，遊び場で**見つけた春を撮影する**。 ・見つけた**春の写真を見せ合う**。 ・公園や遊び場でやりたいことを考える。
終末	・次は近くの公園に出かけることを知る。 ・振り返る。

01 タイマー撮影とグリッド表示

　子供たちに配付されている端末の多くは，低学年児童の手には大きすぎて上手く保持できません。撮影時は片手で保持してシャッターボタンを押す必要があるので，手ブレが発生しやすくなります。タイマーをセットするとシャッターボタンを押してから数秒後に撮影されるので，その間に両手で保持できるため手ブレしにくくなります。

　タイマーのセットは Chromebook と Windows のカメラアプリは左サイドバー，iPad は右サイドバーに時計のアイコンがあるので，そこをクリック（タップ）して設定しましょう。

　また，画面内にグリッドを表示すると撮影時に水平を取りやすくなります。Chromebook は左サイドバーにグリッドのアイコンがあります。Windowsは左サイドバーの設定アイコンをクリックしてカメラの設定をクリックするとフレーミンググリッドを設定できます。iPad は設定→カメラ→グリッドで表示できます。水平をオンにすると，さらに撮影しやすくなります。

02 Padlet で撮影したものを即時に共有する

　校庭で Wi-Fi を使えたり，端末がＬＴＥ対応だったりする場合は，Padletを使って撮影させるのも良い方法です。

　Padlet で撮影したものはすぐに全体に共有できるので，誰がどんな春を見つけたのかがすぐにわかります。投稿した写真に音声コメントを追加できるので，その場で気づいたことなどを録音させるのも良いでしょう。普通のカメラで撮影するより手順は増えますが，子供たちはすぐに理解して使えるようになります。ただし，Padlet のカメラにはグリッド表示機能やタイマー機能はありません。

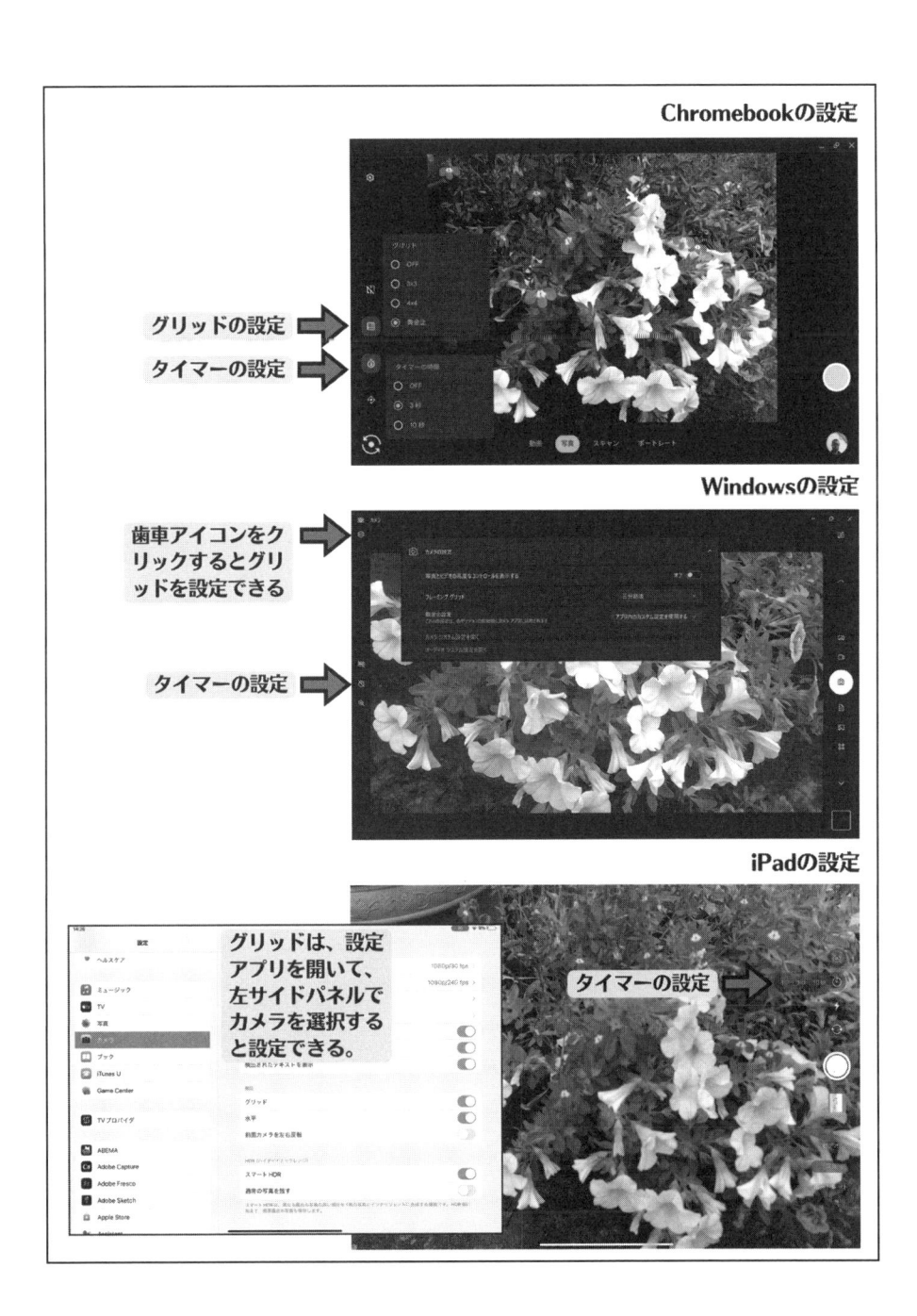

Chromebookの設定

グリッドの設定

タイマーの設定

Windowsの設定

歯車アイコンをク
リックするとグリ
ッドを設定できる

タイマーの設定

iPadの設定

グリッドは、設定
アプリを開いて、
左サイドパネルで
カメラを選択する
と設定できる。

タイマーの設定

3年　理科

しぜんのかんさつ

ヒマワリとホウセンカの比較を通して詳しく観察する

活用ツール ▶ カメラアプリ／Chrome 描画キャンバス

ねらい

・植物の育ち方を比較できるようにする。

Before 指導案

	指導内容
導入	・めあてを確認する。 ・観察の仕方を確認する。
展開	・ヒマワリとホウセンカを観察してスケッチする。 ・気づいたことを記録する。
終末	・どのように育ってきたかをまとめる。 ・振り返る。

　理科の学習では，スケッチを通じて観察力や理解力を深めることが重要です。スケッチは対象を細部まで注意深く観察し，その特徴を客観的に捉えることで，科学的な見方や考え方を育てます。しかし時間がかかるため，植物の成長を継続して観察するのに，毎回スケッチするのは現実的ではありません。写真による記録を併用することで，効率的に学習を進めることができます。撮影した写真に日付や天気，気づいたことなどを書き込んでいくと，立派な観察記録になります。レイヤーを重ねて観察対象の輪郭をトレースさせると，細かいところに目が向くようになります。

After 指導案

指導内容

導入	・めあてを確認する。 ・観察の仕方を確認する。
展開	・ヒマワリとホウセンカを**撮影して輪郭をトレースする**。 ・気づいたことを**写真に書き込む**。
終末	・どのように育ってきたかをまとめる。 ・振り返る。

01 Chromebook での写真への書き込み

　右下のランチャーからギャラリーを起動して，写真が保存されているフォルダ（通常はカメラフォルダ）を開き，撮影した写真を開きます。カメラアプリで写真を撮影した直後であれば，右下の円のアイコンをクリックすることでも写真が開きます。上ツールバーの描画をクリックすると右サイドバーに描画ツールが表示されて，写真に重ねて線や文字を描画できるようになります。完了をクリックして保存をクリックすると書き込みが終了します。書き込み前の写真を残したい場合は，保存の右の▼をクリックして，名前を付けて保存します。

02 Chrome 描画キャンバスでレイヤーを重ねて描画する

　ランチャーから Chrome 描画キャンバスを起動して，画像から新規作成をクリックし，使用したい写真を選びます。初期状態でもとの写真の上に1枚レイヤーが重ねられているのでこのまま書き込んでももとの写真には影響がありません。右上のレイヤーをクリックしてレイヤーを追加することもできます。輪郭のレイヤー，文字のレイヤーなど必要に応じてレイヤーを使用すると，先に書き込んだものを間違って消してしまうことがありません。書き込みが終わったら，右上の縦三点リーダーをクリックして，画像として保存させましょう。

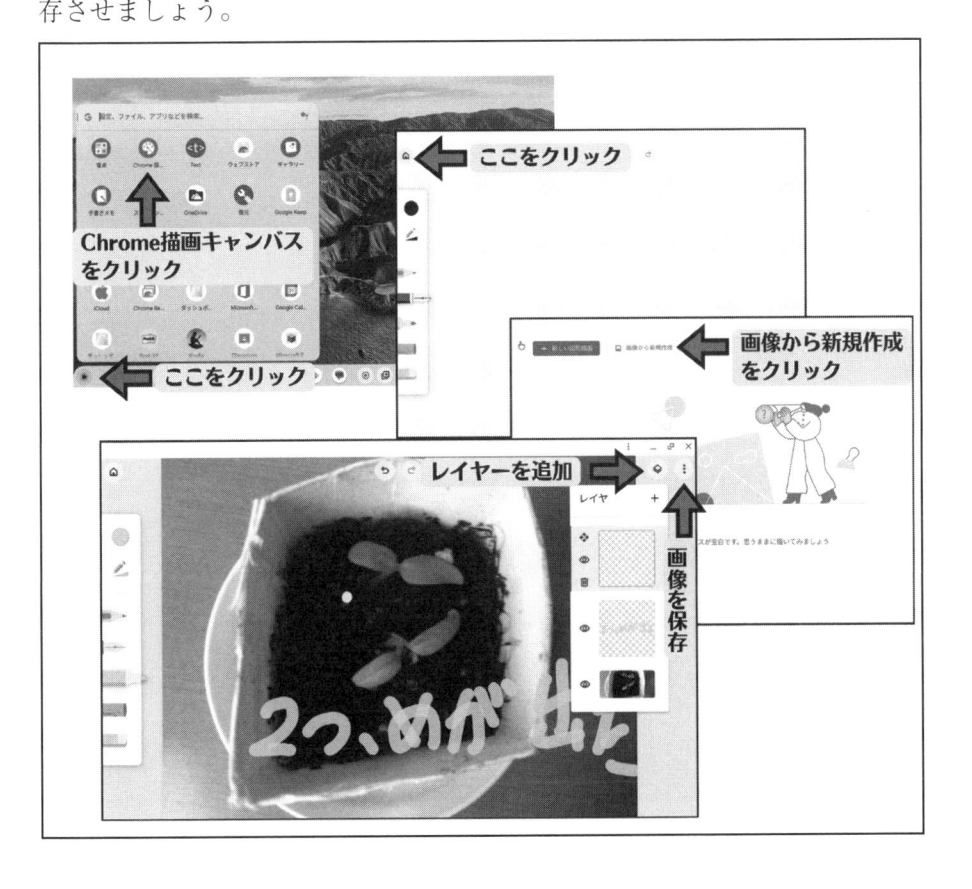

5年 家庭科

整理・整頓で快適に
前後の写真を撮影し，整理・整頓に取り組んでみての感想を書き込む

活用ツール ▶ Canva

ねらい

・使いやすさを考えながら，自分の道具箱の中を整理・整頓する。

Before 指導案

指導内容

導入
・めあてを共有する。
・道具箱の中を確認する。

展開
・道具を分類する。
・道具の収納方法を考え整頓する。
・道具箱を見せ合って，お互いにアドバイスを交換する。

終末
・まとめる。
・振り返る。

　道具箱の中身を取り出す前に，現状を撮影して保存しておきます。

　整理が終わったあとも，分類ごとに撮影しておきます。

　整理・整頓が終わったら友達と道具箱を見せ合って，お互いに良いところやさらに改善できるところなどをアドバイスし合います。

　その後，Canva に整理・整頓前後の写真を取り込み，やってみての感想や，友達からもらったアドバイス，整理・整頓された状態を維持していくための工夫などをまとめていきます。まとめはテキストでも動画でも，子供の選択に任せましょう。

After 指導案

指導内容

導入
・めあてを共有する。
・**道具箱の現状を撮影**してから中身を全部取り出して確認する。

展開
・道具を分類する。
・道具の収納方法を考え整頓する。
・道具箱を見せ合って，お互いにアドバイスを交換する。

終末
・**整理整頓前と後の写真をデザインアプリに取り込み**，やってみての感想やわかったことなどをまとめる。

01 写真を撮影する

　撮影する際は真上から，道具箱の中身がよく見えるように撮影します。Web版のCanvaを使っている場合は，アプリ内からの写真撮影はできないので，アプリを切り替えて写真を撮影する必要がありますが，iPadでアプリ版のCanvaを使っている場合は，Canvaアプリから直接写真を撮影できます。

02 まとめのデザインをつくる

　整理・整頓が終わって，友達とのアドバイス交換が終わったら，Canvaで振り返りをします。Canvaのデザインは教師があらかじめ作成した，1ファイルにクラスの人数分のページが追加されたものを使います。

　子供たちは自分のページに移動して，左サイドバーのアップロードをクリックして写真をアップロードします。写真の挿入が終わったら，テキストや動画でまとめて振り返ります。選択は子供たちに委ねましょう。共有リンクを公開して，保護者に振り返りを見てもらうのも良いでしょう。

03 まとめのデザインを印刷する

　まとめのデザインは印刷して掲示しておくことをおすすめしますが，現時点のCanvaには紙印刷機能がありません。Canvaのデザインを印刷するにはデザインの右上にある共有→ダウンロードを選択して，ＰＤＦを選択してデザインをＰＤＦとして保存しましょう。

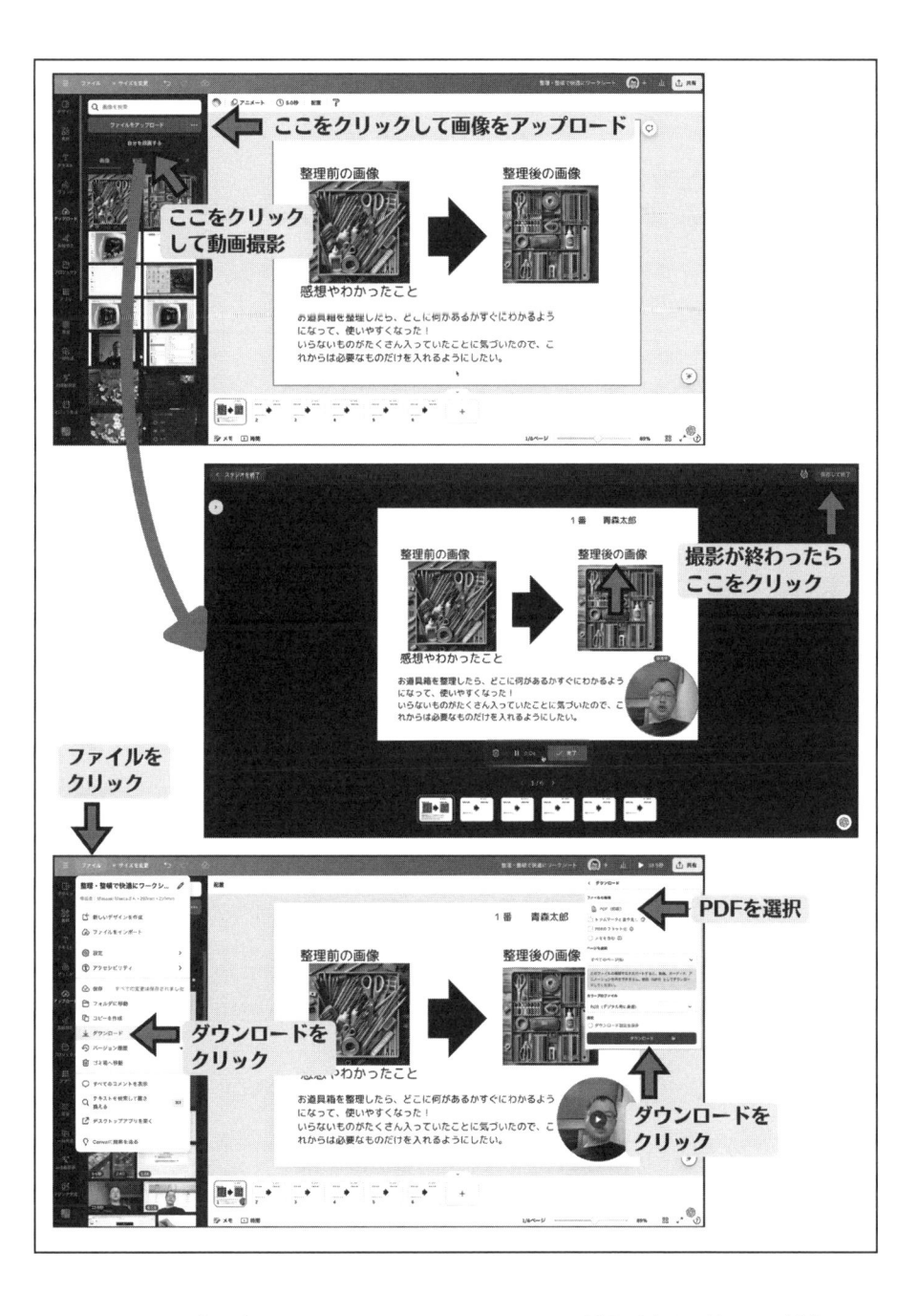

6年　算数

線対称

校内にある線対称な図形を探して撮影する

活用ツール ▶ Padlet／Wakelet

ねらい

・線対称の意味を理解し，対称の軸で折り重ねたときに重なる点や直線を調べる。

Before 指導案

指導内容

導入
・2つに折ってぴったり重なる形について調べることを確認する。
・めあてを設定する。

展開
・自分で考えてまとめてみる。
・他の形で対応する点，線，角を見つける。

終末
・都道府県のマークから線対称な図形になっているものを探す。
・振り返る。

　線対称な図形の性質について調べてまとめたあとに，単元の導入で示された図形や，都道府県のマークの中から線対称な図形を見つける活動です。

　線対称な図形の性質について調べてまとめたら，校内にある線対象になっている図形を探して撮影し，Padlet や Wakelet などにアップロードします。写真が共有されることにより，線対称な図形を見つけられない子は他の子が投稿した内容を参考にして線対称な図形を探すことができます。

　探し終わったあとに，それぞれの端末から，撮影した画像が線対称になっているかを確認していきます。

After 指導案

	指導内容
導入	・2つに折ってぴったり重なる形について調べることを確認する。 ・めあてを設定する。
展開	・自分で考えてまとめてみる。 ・他の形で対応する点，線，角を見つける。
終末	**・校内にある線対称な図形になっているものを探して撮影して共有する。** ・振り返る。

01 投稿用のボードを用意する

　線対称な図形探しは授業の最後のほうで行うので時間的な余裕はありません。投稿用のボードは事前に用意して，Google Classroom や Microsoft Teams などで共有しておきましょう。

　Padlet を使う場合，ボードのデザインは「ウォール」か「ストーリーボード」でセクションオフにするのがおすすめです。

　Wakelet を使う場合は，ボードを作成してから右上の Design をクリックして，Layout を「Grid View」か「Mood Board」に設定します。

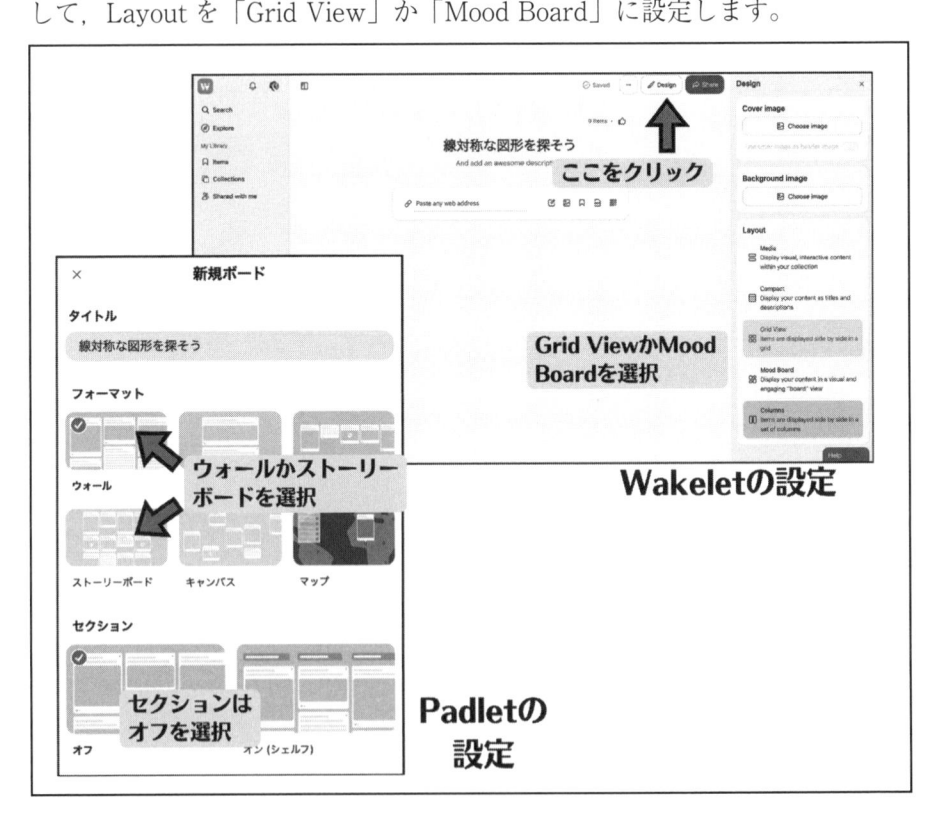

02 自由に校内を歩き回りながら図形を探す

　子供たちは端末を持ち歩いて校内の線対称な図形を探します。最初に教師が教室内にある線対称な図形をサンプルとしていくつか投稿しておくと，子供たちが迷わずに投稿を始められます。活動終了の時刻は事前に伝えておきますが，終了が近づいたら教師の端末から「そろそろ教室に戻りましょう」と投稿すると，離れた場所にいる子にも簡単に連絡できます。

03 セクション分けして図形を分類する

　点対称な図形を学習したあとも同じように校内で図形探しをさせ，ボードに対称な図形の画像を蓄積しておきます。その後，ボードにセクションを追加して「線対称な図形」「点対称な図形」「線対称でも点対称でもある図形」に分類させていく活動も，子供たちの理解を確かなものにしていくために有効です。

Pattern02　写真の撮影

6年　理科

てこのはたらき

校内の様々な「てこ」を探して撮影・分類する

活用ツール ▶ Padlet

ねらい

・くらしの中からてこを利用したものを見つけて，実際に使い方を調べることで，支点・力点・作用点の位置関係を説明することができる。

Before　指導案

指導内容

導入

・釘抜きを使って，小さな力で釘を抜くにはどうすれば良いか予想し，実際に抜いてみる。
・めあてを確認する。

展開

・3種類のてこと輪軸について説明を聞く。
・校内でそれぞれのてこを探す。

終末

・まとめる。
・振り返る。

　全員が釘抜きの実験を終えたあとに，教科書に例示されている，ハサミやペンチ，穴あけパンチ，ピンセットを示しながら，身の回りにはたくさんのてこがあることを伝え，第1種から第3種のてこ，輪軸についての説明を読みます。

　その後，子供たちは端末を持って校内のてこを探し回り，見つけたてこを撮影して Padlet に投稿します。

　理科室に集合してから全員で，写真を見ながらてこを分類します。

After 指導案

指導内容

導入
・釘抜きを使って，小さな力で釘を抜くにはどうすれば良いか予想し，実際に抜いてみる。
・めあてを確認する。

展開
・3種類のてこと輪軸の説明を音読する。
・**端末を持って校内のてこを探して撮影し Padlet に投稿する。**
・**Padlet で分類する。**

終末
・まとめる。
・振り返る。

01 てこの写真投稿用の Padlet を用意する

　Web ブラウザで Padlet を開き，上部メニューバーの+作成をクリックして白紙のボードをクリックします。右サイドパネルでタイトルを入力してフォーマットをウォール，セクションをオンにして完了をクリックします。右サイドバーの設定（歯車アイコン）をクリックして，新しい投稿の挿入位置を「最後」，作成者・タイムスタンプを「表示」に設定します。「連絡」「支点が力点と作用点の間にあるてこ」「作用点が支点と力点の間にあるてこ」「力点が支点と作用点の間にあるてこ」「輪軸」「おそらくてこ」の6つのセクションを用意してから，共有リンクを発行し子供たちに配付します。

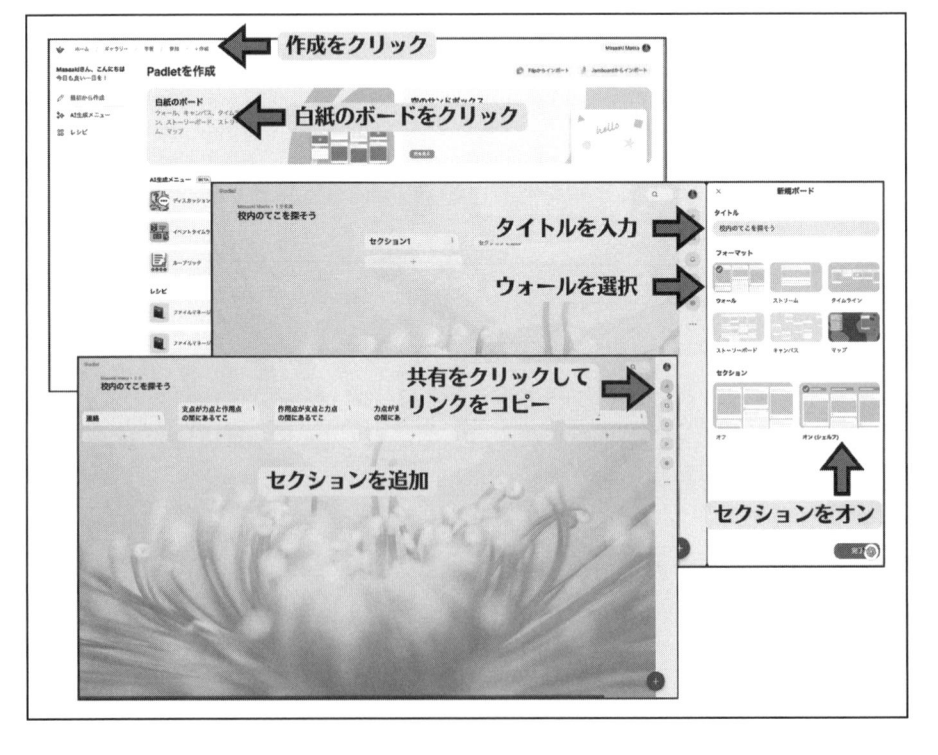

02 校内のてこを探して撮影する

　教師の投稿デモンストレーションを見てから子供たちは端末を持って校内のてこを探して歩きます。てこの種類を理解して正しく分類できる子は，最初からセクションを選んで投稿させます。分類に自信がない子は「おそらくてこ」のセクションに投稿させます。終了時刻になったら教師端末から連絡セクションに「理科室に戻りましょう」と投稿すると，子供たちに指示が伝わります。

　集合したら全員でPadletを眺めながらてこが正しく分類されているか確認します。間違ったセクションに投稿されている写真は子供たちに話し合わせて正しく分類しなおします。てこのように見えて，てこではないものを投稿する子もいるので，新たにてこではないセクションを追加して，そこに移動しましょう。削除することもできますが，せっかく子供たちが投稿した写真なので，そのまま残したほうが良いです。

ワークシートのデジタル化

活用ツール ▶ Canva／FigJam 他

01 効率化で教育の質を向上

　これまで紙で作成してきたワークシートをデジタル化して子供たちに共有するだけでも授業の効率が大きく向上します。単純に，配付・回収の時間が削減されます。教師が直接配っても，子供たちが配ってもそれなりに時間がかかります。配る時間，記名する時間，回収する時間，これらは学習とは全く関係のない時間です。ワークシートをデジタル化することで確実に３分は時間を生み出せます。たかがそれくらいと思われるかもしれませんが，３分あればペアやグループでの話し合いを１回多く実施できます。

　思考を伴わない作業的な時間を削減して，じっくり考えたり，話し合ったり，問題を解きなおしたりなど，思考する時間をどれだけ増やせるかがＩＣＴ端末活用授業のキモになります。

　ワークシートのデジタル化は，教師の時間削減にも繋がります。印刷・配付・回収の時間だけではなく，全員記名しているか，未提出の子がいないかなどの確認の時間も不要になります。提出物を保管する場所も，整理する時間も削減されます。

　デジタルワークシートの利点は時間短縮だけではありません。個別の作業だけではなく，共有リンクを使うことで，**紙のワークシートでは効率が悪く時間がかかっていた他者参照の活動が簡単に行えます。**

02 作成はプレゼンテーションツールがおすすめ

　ワークシートをデジタル化するときは，Canva を含む Google スライドや PowerPoint などのプレゼンテーション系のアプリや，FigJam などのホワイトボード系のアプリを使うと良いでしょう。テキストや画像を自由に配置できるので作成時のストレスが少なくて済みます。既存のワークシートがある場合は，それを画像化して背景に設定するだけで簡単にデジタルワークシート化できます。学校や自治体が SARTRAS に登録していれば，教科書会社が提供しているワークシートも簡単にデジタル化できます。

03 配付と確認，回収のコツ

　Google スライド，Microsoft Word で作成したワークシートを配付する場合は Google Classroom，Microsoft Teams で簡単に配付・回収できます。
　Canva にも課題機能がありますが，Classroom や Teams でリンクを配付できます。**様々なツールを使う場合でも基盤となるサービスは一本化しておいたほうが子供たちも迷いません。**
　内容を確認する際，紙のワークシートの場合は赤ペンで花丸を付けたり，コメントを記入したりしていました。デジタルワークシートの場合も，テキストや描画機能で同じようなことができますが，紙に赤ペンのレベルで猛スピードで書き込んでいくようなことは困難です。せっかく紙のワークシートをデジタル化したのですから，今までの方法にこだわる必要はありません。確認の仕方もデジタル化しましょう。スタンプや絵文字機能を使うことで，スピーディーな確認作業ができます。Canva で作成したワークシートの場合は，動画を埋め込んでコメントを添えることもできます。
　ワークシートは個別のフォルダに保存して蓄積しておきましょう。卒業や転出の際はエクスポートして子供たちにデータを渡すことができます。

3年　算数

わり算

デジタルワークシートで数図ブロックを操作する

活用ツール ▶ Canva／Google スライド／PowerPoint 他

ねらい

・数図ブロックを操作して等分除の意味を理解して，式に表すことができる。

Before　指導案

	指導内容
導入	・挿絵を見て，12個を3人に同じ数ずつ分ける場面であることを理解する。 ・問題を整理し，めあてを確認する。
展開	・ワークシートと数図ブロックを使って，実際に3人に同じ数ずつ分けて調べてみる。 ・分け方を発表し合う。 ・まとめる。
終末	・適用問題に取り組む。 ・振り返る。

　数図ブロックは，具体物と数字の間を結ぶ半具体物として機能し，子供たちが具体的な物から抽象的な数の概念へと理解を深める手助けをするため，学年が進んでも新しい学習内容の導入場面では非常に有効なツールです。しかし，数図ブロックには「準備と片付けに時間がかかる」「机から落ちて集中が途切れる」「違う考えを試すと前の操作が残らない」などの不便さがあります。デジタル化された数図ブロックを使うことで，物理的な準備や片付けの時間を大幅に削減できます。その結果，授業時間を有効に活用することができます。

After 指導案

指導内容
導入 ・挿絵を見て，12個を3人に同じ数ずつ分ける場面であることを理解する。 ・問題を整理し，めあてを確認する。
展開 ・**デジタル化したワークシートと数図ブロック**を使って，実際に3人に同じ数ずつ分けて調べてみる。 ・分け方を発表し合う。 ・まとめる。
終末 ・適用問題に取り組む。 ・振り返る。

01 数図ブロックをデジタル化する

　Web ブラウザで「数図ブロック　フリー素材」で検索すると，簡単に数図ブロックの画像を見つけられますが，簡単な操作で自作もできます。

　Google スライドや PowerPoint の場合は上部ツールバーで図形をクリックして角丸四角形を挿入後，円を挿入して四角形に重ねます。両方の図形を選択して右クリック（ダブルタップ）してからグループ化をクリックします。あとはその図形をコピーして必要な数を複製するだけです。

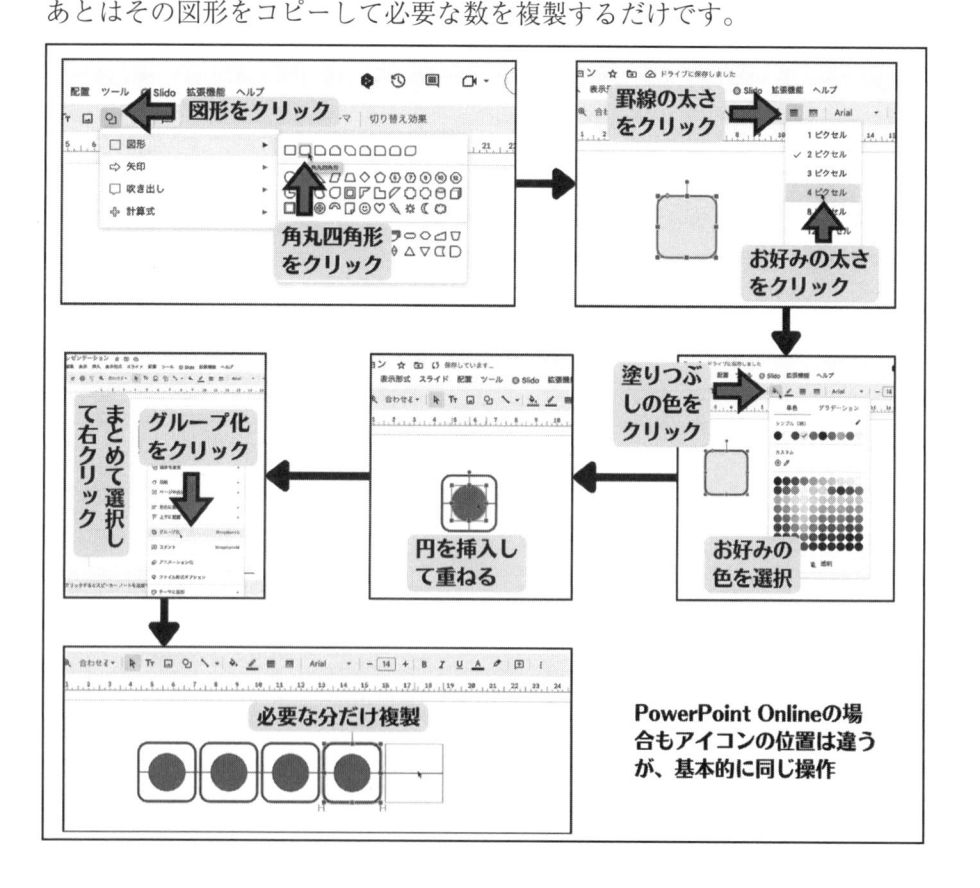

Canva の場合は，キーボードの入力設定を半角英数字にした上で，デザイン上でRキーを押し正方形を挿入します。上部ツールバーで塗りつぶしの色，罫線の太さ，角の丸みを調整したあとに，キーボードのCを押して円を挿入し大きさを整えて重ねます。両方の図形を選択してから右クリック（ダブルタップ）し，グループ化します。このまま複製して使っても良いのですが，できた数図ブロックを右クリック（ダブルタップ）して選択した素材をダウンロードをクリックし，背景透過のPNGとして保存すると，他のデザインやアプリでも利用できます。

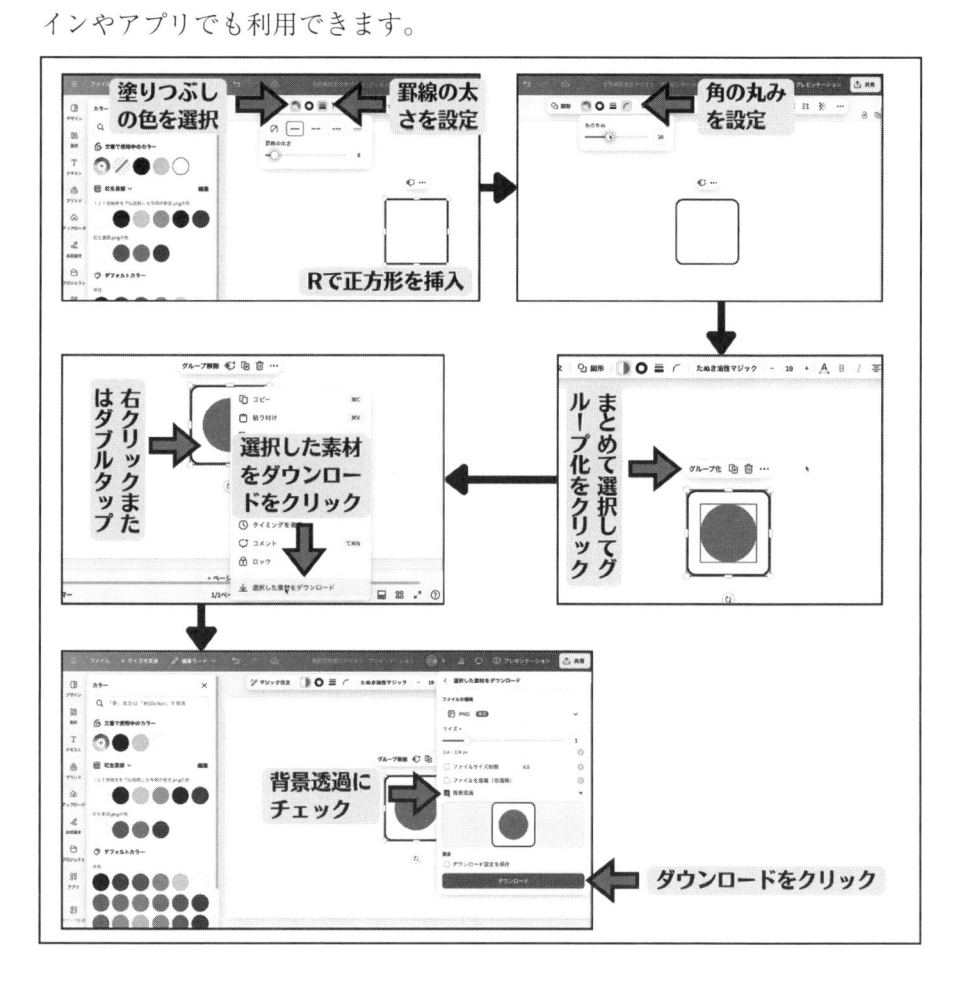

6年　理科

人や動物の体（血液のはたらき）

他者参照しながらデジタルワークシートにまとめる

活用ツール ▶ Canva／Google フォーム／Suno

ねらい

・血液のはたらきを通して，人の体のつくりやはたらきについて，総合的に考えることができる。

Before　指導案

指導内容

導入
・聴診器を胸に当てて1分間の心拍数を調べる。
・めあてを共有する。

展開
・全身の血管の様子や全身を巡る血液について調べる。
・肝臓，腎臓のはたらきについて教科書の資料を基にして調べる。

終末
・臓器の位置を確認しながらまとめる。
・振り返る。

　Before では教科書の図から，血管が数多く枝分かれしていることに気づかせています。教科書を見ながら，ワークシートに各臓器のはたらきを整理し，全体でまとめる流れになっています。

　After では，血管図の上に内臓配置図を重ねて提示し，内臓配置図の透明度を調整して，各臓器に細かい血管が集中していることに気づかせています。その後，ワークシートに内臓のイラストや写真を配置させ記憶の定着を図っています。

　終末には，ＡＩで個々のまとめから全体のまとめの素案を作成し，それを全体で吟味する時間を確保します。

After　指導案

	指導内容
導入	・**透明度を調整した図を重ねた資料**を見て問題を見つける。 ・めあてを共有する。
展開	・心臓，肺，肝臓，小腸，腎臓のはたらきについて調べて **Canva の****ワークシートに整理**する。
終末	・**まとめる。** 　**ＡＩで全体のまとめの素案をつくり，吟味してまとめる。** ・**振り返る。** 　**Google フォームで振り返り，まとめの歌をつくる。**

01 図を見て問題を見つける

　教科書には全身の血管図と，内臓配置図が掲載されています。ここでは，血管が枝分かれして全身に張り巡らされていることと同時に，肺や肝臓，腎臓に血管が集中していることに気づかせたいのですが，図が並んでいないため比較しにくくなっています。

　そこで，2つの図を画像として取り込み，近くに並べて表示すると比較しやすくなります。さらに，血管図の上に，内臓配置図を重ねて，少しずつ透明度を下げていくことで，重要な臓器に血管が集中していることに気づきやすくなります。

02 調べて Canva のワークシートに整理する

　ワークシートは Canva で A4横サイズで作成し，あとで印刷できるようにします。まずは1ページだけ作成し，共有リンクを発行して子供たちに開かせます。

　最初は「酸素や養分を体のすみずみまで運ぶために，心臓はどのようなはたらきをしていますか」

酸素や養分を体のすみずみまで運ぶために，各臓器がどんなはたらきをしているか整理しよう。

名前

イラスト	臓器	働き
	心臓	
	肺	
	かん臓	
	小腸	
	じん臓	

と全体に問いかけ，子供たちの発言を拾いながら例として教師が表に入力します。その後，子供たちが入力する際には，教科書の文章を書き写すのではなく，自分なりに整理しながら入力するように指示します。はたらきを書き終えたら，Canva の素材から心臓のイラストを挿入し，内臓配置図と矢印で結びます。

手順の説明が終わったらページを学級の人数分＋１（教師のページ）になるように複製して，自分の名簿番号のページを開いて残りの臓器について調べさせます。

　子供たちが調べ始めたら，Canva をグリッド表示にして全体の作業の様子を一覧でわかるようにします。つまずいている子を見つけて声をかけましょう。上手くまとめているページを見つけて，全体に紹介するのも良いでしょう。明確な間違いを見つけたら，コメント機能で指摘するのも効果的です。

03 まとめる

　Canva の「リサイズ＆マジック変換」で全員のワークシートを１つのドキュメントに要約します。これを共有して話し合い，吟味して全体のまとめをつくります。

04 振り返る

　Google フォームに振り返りを記入します。振り返りはキーボード入力を基本としますが，タイピングが苦手な子は，動画で話したり，手書きしたものを写真に撮影したりして，提出できるようにします。

　クラスの半分の人数が提出したら，その内容をコピーして生成ＡＩで歌詞にします。時間に余裕があれば，歌詞の内容を吟味させます。

　最後に Suno で歌詞にメロディーを付け，全員に紹介します。

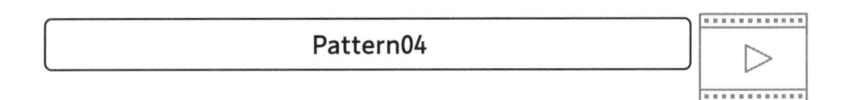

動画の撮影

活用ツール ▶ 各端末のカメラツール／Padlet 他

01 動画を活用した授業実践

　動画は非常に有用なツールですが，ひと昔前までは専用の機材が必要でした。学校にあるビデオカメラやデジタルスチルカメラは数が十分ではなく，子供たち一人ひとりが日常的に動画を撮影するような活動を行うのは困難でした。しかし，現在子供たちが持っている端末には，標準で動画撮影機能が備わっています。これを生かさない手はありません。

02 自己評価のための動画活用

　子供たちが自分自身のパフォーマンスを客観的に振り返るために，動画撮影は効果的です。例えば，音読や歌，リコーダー演奏などを記録することで，子供たちは自分の姿を客観的に確認することができます。これらの活動の動画を蓄積することで，子供たちが，自らの進歩を視覚的に把握し，継続的に学習意欲を高めることができます。

03 発表と動画

　発表の場面でも動画は有効です。1人（1グループ）ずつ順番に発表する従来の方法では，どうしても発表を聞いているだけの時間が多くなりますし，本番一発勝負になってしまいます。発表に動画を使うことで，全員が同時に発表することができるので，待ちの時間が発生しません。また，上手くいか

なかったら撮りなおしできるので，人前で発表することが苦手な子でも，緊張することなく発表に集中できます。

04 動画の導入ステップ

　動画活用を始める際には，まず端末の標準動画撮影機能を使うことからスタートするのが良いでしょう。特別なツールを導入しなくても，簡単に動画を撮影し蓄積することが可能です。

　子供たちがお互いの動画にコメントを付けたり，他の子供の動画を参考にしたりする段階に進む場合は，Google Classroom や Padlet，Seesaw などのツールが役立ちます。これにより，協働的な学びを深めることができます。

05 動画を使っての評価はおすすめできない

　すべての子供の動画をチェックし，個別にフィードバックを提供することは現実的ではありません。動画をあとから評価することは，教師にとって大きな負担となります。1人あたり1分の動画でも40人学級では全員分視聴するのに40分かかります。

　動画は子供自身の自己評価のために活用するのが理想的です。どうしても評価に使用する場合は，倍速再生やＡＩによる分析を活用し，効率的な評価方法を検討することが重要です。

06 保存はすべてクラウドへ

　子供たちの端末の保存容量は，多くの場合非常に小さくなっています。設定を変えて，動画の保存先はローカルストレージからクラウドストレージに変更しておきましょう。あとで移動する時間は，永遠にやってきません。

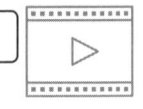

5年　国語

同じ読み方の漢字

漢字の意味を調べて動画にまとめ，共有する

活用ツール ▶ Canva／Padlet

ねらい

・同音異義語，同訓異字について知り，それを生かして漢字を読んだり
書いたりする。

Before 指導案

指導内容

導入
・教科書の例題に取り組み，日常生活の同音異義語に気づく。
・本時のめあてを確認する。

展開
・解説を読み，問題に取り組む。
・漢字辞典で同じ読み方の言葉を集め，意味を調べてノートに書く。

終末
・全体で確認する。
・振り返る。

　教科書に例示されている同音異義語を一組選び，文字から意味の違いを考えさせる活動です。その後，辞書で調べて2つの熟語の意味の違いを確認していきます。

　これまでノートでの個人活動として取り組んでいたものを，同音異義語の意味の違いについて最初に考えたことと調べてわかったことを説明する様子を動画に撮って共有するようにします。早く終わった子は他の語句に取り組むこともできますし，友達が投稿した動画を視聴してさらに学びを深めることができます。

After 指導案

指導内容

導入
- 教科書の例題に取り組み，日常生活の同音異義語に気づく。
- 本時のめあてを確認する。

展開
- 解説を読み，問題に取り組む。
- 漢字辞典で同じ読み方の言葉を集め，意味を調べて**違いを動画に撮影して共有する。**

終末
- 全体で確認する。
- 振り返る。

01 Padlet で行う場合

　Padlet で，「セクションあり」でボードを作成します。セクションには調べさせる同音異義語を設定して，子供たちに共有します。

　子供たちは自分で調べたい語句を選び，自分の考えや調べてわかったことの説明を撮影して，当該セクションに投稿します。投稿した動画のコメント欄にお互いの動画を視聴した感想やアドバイスを付け合わせましょう。

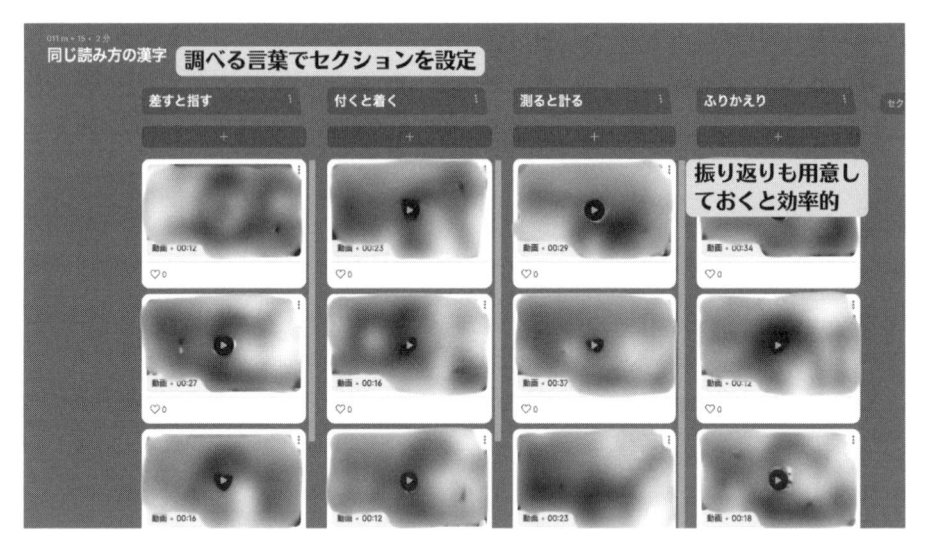

02 Canva で行う場合

　調べさせたい同音異義語ごとにページを作成して共有リンクを発行し，子供たちに開かせます。子供たちは調べた語句のページを開き，左サイドバーでアップロードをクリックして，左サイドパネルの自分を録画するをクリックして録画スタジオを開き，説明を撮影します。

友達が投稿した動画をクリックしてコメントを追加することもできます。

03 グループウェアツールを通して行う場合

　少し手順が多くなりますが，Padlet や Canva のようなアプリを使わなくても Google ドライブや OneDrive を使って同じようなことができます。

　同音異義語ごとにフォルダを作成し，そのフォルダの共有リンクを発行して子供たちに伝えます。ＯＳの標準機能のカメラアプリで説明を撮影して，動画をフォルダにアップロードします。

　なお，Google ドライブに保存した動画は，再生画面の右上にあるコメントを追加をクリックすることでコメントを入力することができます。

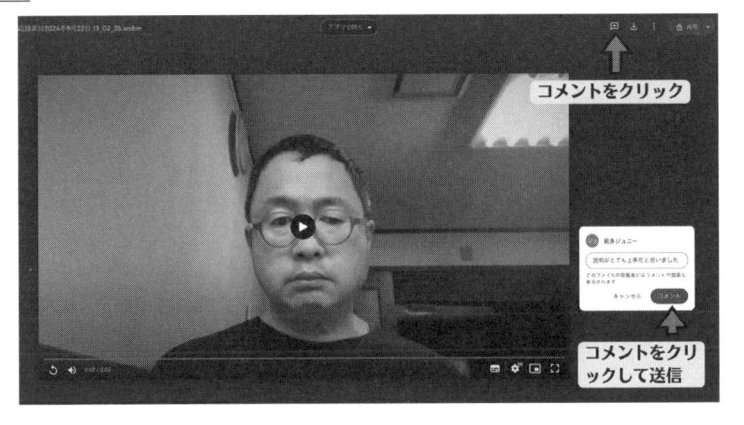

個別の作品づくり

活用ツール ▶ Canva／Google スライド他

01 共同編集に繋げるための個別編集

授業でICTを活用する際，最も盛り上がり，効果が期待できるのはファイル共有を使った協働作業です。複数のメンバーで1つのファイルを開き，情報を収集し合い，意見を交わしながら作品をつくり上げていくプロセスは，まさにICT活用の醍醐味といえるでしょう。しかし，いきなり協働作業を始めてしまうと，往々にして，誰かが書いたものを消してしまったり，ページを削除してしまったりといった「カオスな状態」に陥りがちです。

共同編集をスムーズに進めるためには，まずは「個別にファイルを編集し，自分で何かをつくり上げる経験」が不可欠です。この基礎的なステップを飛ばしていきなり共同編集するから「カオスな状態」になるのです。

02 リカバリーできる手段を身に付ける

1人で完結できる作品づくりは，子供たちに多くのスキルを身に付けさせる絶好の機会です。例えば，係活動のポスターや，自分の目標シートの作成，社会科の授業で地元の特産品をPRするステッカーをつくるなど，シンプルな活動で十分です。自分だけの作業であれば，間違って文章を消したり，ページを削除したりしても，誰からも責められることはありません。1人での作業を通して，何か失敗したらすぐに「Ctrl+Zでもとに戻す」動作を，頭ではなく，手に覚え込ませましょう。

03 ファイルの提出

　また，この段階で確実に身に付けさせたいのはファイルの提出方法です。クラウド環境では，共有フォルダに保存させるよりも，共有リンクを発行させて，それを提出させると管理が簡単になります。そのためには，ファイルの共有範囲の意味と，変更方法を教える必要があります。

　最初のうちは「リンクを知っている人全員」で「編集可能」で共有リンクを発行しても良いのですが，慣れてきたら編集できる人を自分と教師だけに限定したり，班のメンバーだけが見られるようにしたりと，権限を自分で変えられるようにしていきましょう。

04 ファイル名は必ず付けさせる

　ファイル管理において最も重要なことは「適切なファイル名を付けること」と「検索機能を活用すること」です。クラウド環境ではフォルダ分けにこだわる必要はなく，むしろ子供たちが検索機能を活用して，自分のファイルを素早く呼び出せるようにすることが肝心です。ファイル名は内容がひと目でわかるように付けさせます。細かい命名ルールなどを設定する必要はありません。大人でも守れないようなことを子供たちにやらせようとするのはやめましょう。

　特に重要なのは，テンプレートからファイルを作成する際に，必ずファイル名を変更することです。これをしないと「○○のコピーのコピーのコピー」のようなファイルが，ドライブ内にあふれかえることになります。

3年　社会

工場の仕事

工業製品の宣伝シールのデザインをつくる

活用ツール ▶ Google スライド／Microsoft PowerPoint／Canva

ねらい

・地域の工場でつくられる製品とその工夫をキャッチコピーで伝える。

Before 指導案

指導内容

導入

・これまでの学習を振り返る。
・めあてを確認する。

展開

・キャッチコピーや宣伝シールにどのような内容を載せると良いか話し合う。
・宣伝シールのデザインを考える。

終末

・宣伝シールのデザインを発表する。
・振り返る。

地域の工場でつくられている食料品について調べたことを宣伝シールのデザインに表現する活動です。紙に印刷したワークシートにキャッチコピーや宣伝文を記入しても良いのですが，ここでは Google スライド，PowerPoint，Canva のようなプレゼンテーションツールを使います。

もとになるデザインを 1 つつくってオンライン配付するだけなので，印刷の手間が省けます。Google スライドや PowerPoint のようなプレゼンテーションツールを使う理由は素材の配置が自由に行えるからです。Google ドキュメントや Word では背景に画像を設定したり，図形と文字を重ねる際に細かな設定が必要になったりするため，子供たちが自由に作品をつくる場面には向きません。

After 指導案

指導内容

導入
・これまでの学習を振り返る。
・めあてを確認する。

展開
・キャッチコピーや宣伝シールにどのような内容を載せると良いか話し合う。
・**端末で宣伝シールのデザインをつくる。**

終末
・宣伝シールのデザインを発表する。
・振り返る。

01 ページの縦横比をＡ４サイズに設定する

　プレゼンテーションツールの初期設定では，ページの縦横比が16：9とな
っているため，印刷すると上下に少し多めに余白ができます。気にならない
場合はそのままで構いませんが，気になる場合はページサイズをＡ４サイズ
に設定してからテンプレートを作成しましょう。Google スライドの場合は
メニューバーのファイル→ページ設定→カスタムサイズから29.7×21cm に
設定します。PowerPoint Online の場合，メニューバーのデザイン→スライ
ドのサイズ→ユーザー設定のスライドのサイズの順にクリックします。スラ
イドのサイズを展開してカスタムをクリックして，29.7×21cm に設定しま
す。Canva の場合は最初からＡ４横を選んでデザインを作成します。数値
を逆にすると，Ａ４縦サイズも設定できます。

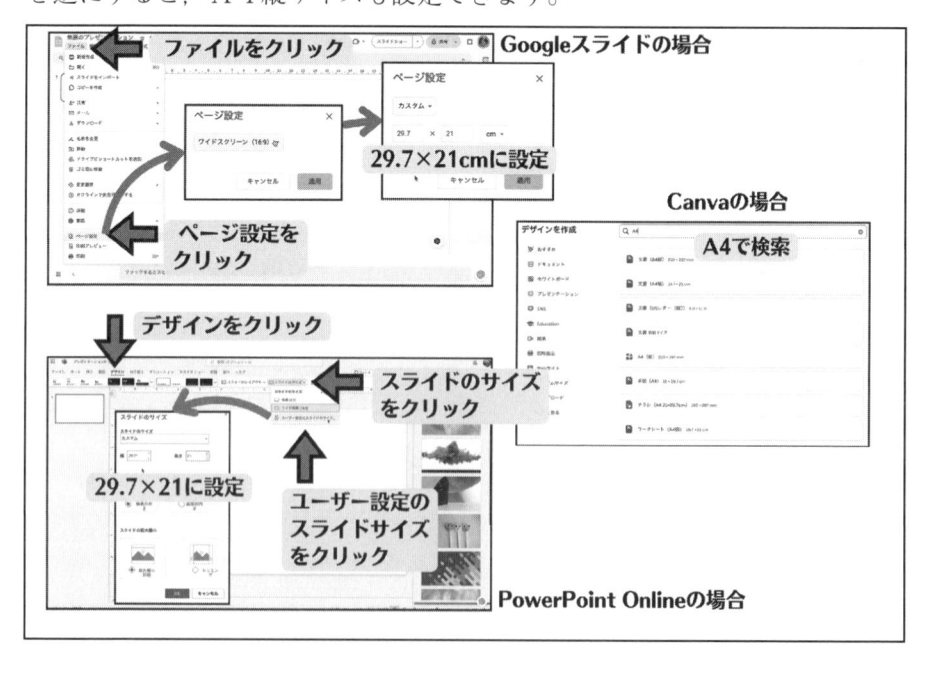

02 テンプレートを子供たちに配付する

　Google スライドの場合は Google Classroom の「授業」機能で，課題を作成しドライブからファイルを追加して，各生徒にコピーを作成に設定して課題を割り当てると，ファイル名に子供たちの名前が追加された状態で配付されます。PowerPoint の場合は Microsoft Teams の「課題」機能で，課題を作成し，ファイルを添付して受講者は自分のコピーを編集に設定して課題を割り当てると子供たちにファイルが配付されます。Canva の場合は共有→もっと見るをクリックし検索バーで Classroom や Teams を検索すると，それぞれのサービスにテンプレートリンクを送信できます。

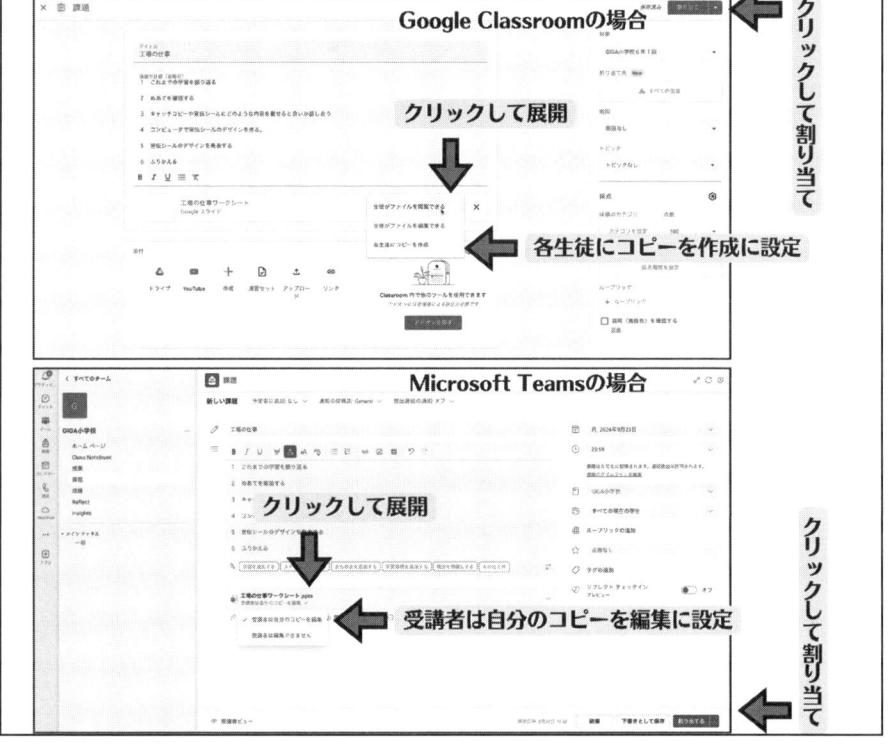

Pattern06

ファイルを共有して共同編集

活用ツール ▶ Google スライド／Canva／Padlet 他

01 1人1台端末による共同編集の浸透

　ＧＩＧＡスクール構想で1人1台端末が当たり前になって以来，多くの教室で共同編集が行われるようになってきました。その先駆けが Google の Jamboard でしたが，残念ながらサービスの提供が終了してしまいました。

　しかし，多くの学校で使われている，Google や Microsoft のアプリ，Canva や Padlet などのサービスも共同編集が簡単に行えます。

02 共同編集がもたらすメリット

　共同編集の最大のメリットは，学習者同士の学びの共有が飛躍的に進む点です。例えば新聞づくりのようなグループ作業において，紙を囲んでの作業はスペースが限られており，実際に手を動かす子供はグループの中の一部に限られ，他の子供が作業からあふれ，積極的に学習に参加できない状況がしばしば見られました。しかし，デジタルツールを活用した共同編集では，各自が自分の端末を使い，グループ全員で1つの作品に同時にアクセスして作業を進めることができます。一人ひとりが自分の得意分野を生かして作業に参加できるため，全員が主体的に学習に関わることができるようになります。

　また，個別の作業でも1つのファイルにそれぞれのページを用意することで，他の子供の作業をリアルタイムで参照し，参考にすることができるため，アイデアの共有が瞬時に行われ，学びの効率が格段に向上します。

03 学習を深化させるオンライン対話

　共同編集を通じて生まれる対話が，学習の質をいっそう高める要因となっています。オンラインでの作業では，チャットやコメント機能を活用したバックチャンネルのやり取りが可能であり，従来の音声言語での対話にテキストベースのコミュニケーションが加わることで，コミュニケーション量が増大します。やり取りの履歴も残ることによって，あとから振り返りやすくなるという利点もあり，情報共有がさらに深化しています。

04 共同編集の注意点

　一方で，共同編集の導入初期には注意が必要です。特に，共同編集に慣れていない学級では，最初は作業がカオスな状態になることが少なくありません。例えば，誰かが書いたものを消してしまったり，スライドの順番を勝手に変えてしまったりといったトラブルが発生することがあります。これらは主に経験不足や，初めてのツールを試してみたいという子供たちの好奇心から生じるものです。

　こうした初期の混乱に対しては，**焦らずに子供たちが共同編集に慣れる時間を与えることが重要**です。何度か経験を重ねることで，共同編集が日常の一部となり，自然とトラブルが減少していきます。授業中にこれらを鍛えていくことは時間的に難しいので，最初のうちは，簡単な作業や遊びの場面で共同編集を体験させ，子供たちを慣らしていくと良いでしょう。

　トラブルが発生した際の対処法を子供たちに教えておくことも，スムーズな作業の進行に欠かせません。例えば，「Ctrl+Z」で作業をもとに戻す方法や，履歴から前の状態に復元する方法を教えることで，トラブルに直面しても慌てずに対処できるようになります。

　重要なのは，初めての試みで上手くいかなかったからといって，すぐに諦めずに継続して取り組むことです。

3年　社会

店ではたらく人

協働作業で新聞をつくる

活用ツール ▶ Canva

ねらい

・調べたことを基に，スーパーマーケットではたらく人の工夫について
まとめる。

Before 指導案

指導内容

導入	・これまでの学習を振り返る。 ・めあてを確認する。
展開	・グループで新聞に何を載せると良いか話し合う。 ・役割を分担して新聞を書く。
終末	・できた新聞を読み合い，感想を述べ合う。 ・振り返る。

　調べたことをグループで新聞にする活動は以前から広く行われてきました。大きな紙を囲んで新聞を書くのはとても楽しく盛り上がる活動ですが，1つの用紙で同時に作業するのは狭くて大変です。また，写真を印刷して切り取り，貼り付けるなど，完成まで時間がかかります。そこで，共有したファイルをそれぞれの端末で開いて作業すると，効率良く作業できます。Google ドキュメントや Word よりも，自由に配置できるプレゼンテーションツールのほうが作成に向いています。特に Canva は Web アプリとしては珍しく縦書きのテキストに対応しているので，教科書の例のように縦書きの新聞を作成できます。

After 指導案

指導内容

導入
- これまでの学習を振り返る。
- めあてを確認する。

展開
- グループで新聞に何を載せると良いか話し合う。
- 役割を分担して **Canva で協働作業で新聞を書く。**

終末
- できた新聞を読み合い，感想を述べ合う。
- 振り返る。

01 新聞のテンプレートを作成する

　Canvaには本格的な新聞がつくれるテンプレートが豊富に用意されています。それらを使っても良いのですが，白紙からシンプルなテンプレートをつくって配付したほうが，子供たちは新聞の内容づくりに集中します。結果としてデザイン性あふれる新聞になるのは問題ないのですが，最初からデザイン性あふれる新聞を目指して内容づくりに身が入らないのは本末転倒です。A4サイズでデザインを新規作成して，ファイル→設定→ガイドを追加する→3×3グリッドの順にクリックします。

　教科書の例を参考にして，ダミーのタイトル，見出し，記事を追加しておきます。各要素は右クリック（ダブルタップ）してロック→位置だけロックの順にクリックして，テキストは編集できるが移動や削除はできない状態にしておきましょう。

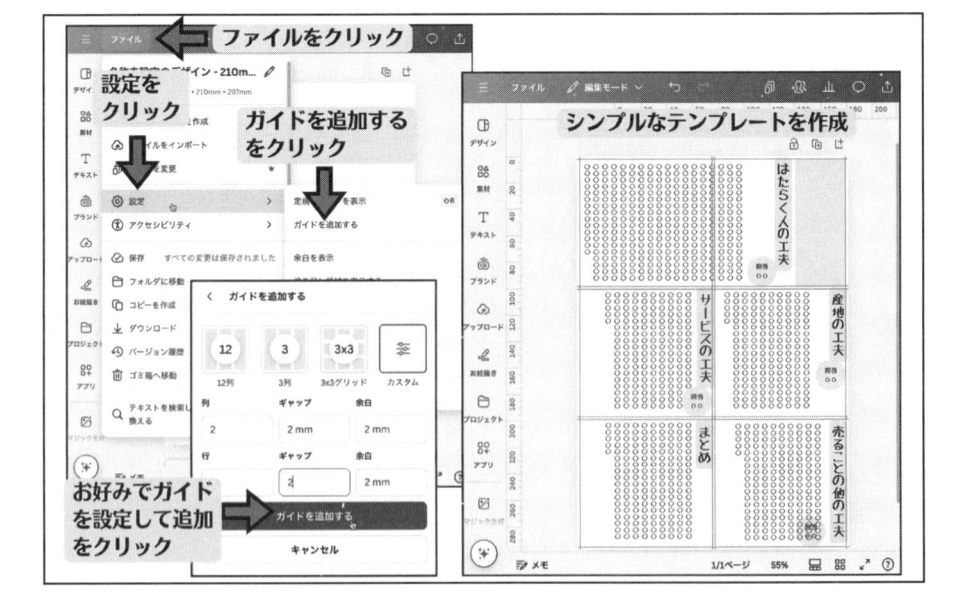

02 共有して編集する

　グループで作業する場合はテンプレートリンクを発行するよりもデザインをフォルダに移動してからグループの数だけ複製して，フォルダを組織内で編集可にして共有リンクを発行し，Classroom や Teams で子供たちに配付したほうが回収の手間がなくて効率的です。

　1つのファイル内でページを複製して，全員が同時に作業する方法もありますが，協働作業に慣れないうちはやめたほうが良いでしょう。また，クラスの人数が多い場合は極端に動作が遅くなる場合があります。

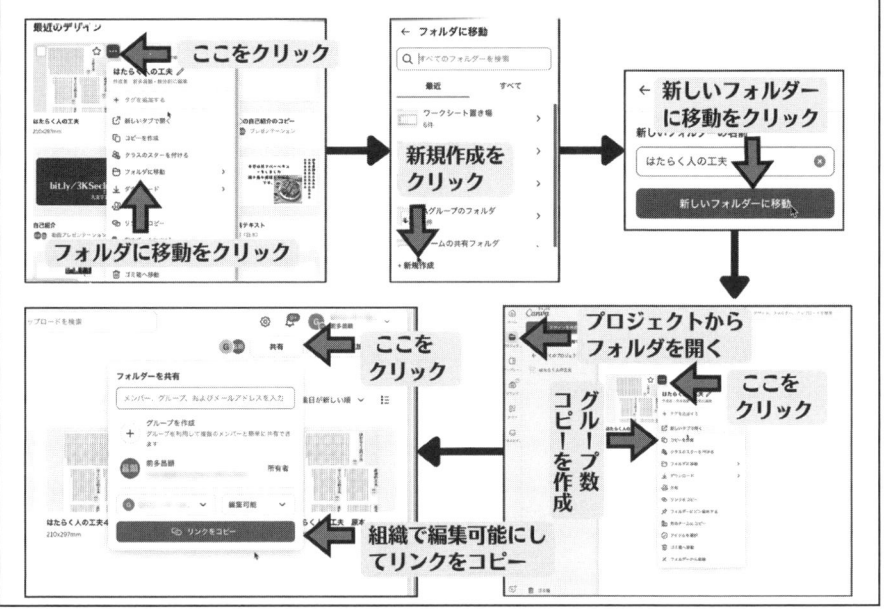

　子供たちには「**まずは内容を完成させる。デコレーションはできてから余った時間で**」と指示します。タイピングスキルが育っていない場合は，タイトルや見出しだけタイピングで頑張らせて，本文は紙やノートに書かれたものを撮影して挿入する方法もあります。

3 年　道徳

明るくなった友だち（友情，信頼）

共有された心情数直線に自分の考えを表す

活用ツール ▶ Canva 他

ねらい

・どんな友達であってもお互いに理解し，困っているときには進んで助けようとする態度を養う。

Before 指導案

指導内容

導入

挿絵を見て思ったことを話し合う。
・クラスの様子の挿絵を見て，みんなが明るい表情であることをおさえる。
・1人の子は友達関係で学校に来られなかったことを伝える。

展開

教材を読んで考え，話し合う。
・黒板の心情数直線に自分だったら迎えに行くかどうかを表す。
・どんな気持ちで友達のために頑張っていたのか考える。

友達と明るく楽しく過ごすために大切なことを考える。
・グループで話し合う。

終末

学習のまとめをする。
・友達について考えたことをまとめる。

Before は，一般的にもよく行われている黒板に提示した心情数直線に名前付きマグネットシートを貼って，友達を迎えに行くか，行かないか，自分の考えを表す活動です。

After では，デジタルホワイトボードの心情数直線上で自分のアイコンを動かすことによって，友達を迎えに行くか，行かないか，自分の考えを表す形をとっています。その心情数直線を複製して，話し合ったあとの自分の立場をアイコンで表し，最初の心情数直線と並べて表示すれば，考えの変化がさらにわかりやすくなります。

After 指導案

	指導内容
導入	挿絵を見て思ったことを話し合う。 ・クラスの様子の挿絵を見て，みんなが明るい表情であることをおさえる。 ・1人の子は友達関係で学校に来られなかったことを伝える。
展開	教材を読んで考え，話し合う。 ・**共有した心情数直線**に自分だったら迎えに行くかどうかを表す。 ・どんな気持ちで友達のために頑張っていたのか考える。 友達と明るく楽しく過ごすために大切なことを考える。 ・グループで話し合う。
終末	学習のまとめをする。 ・再度**共有した心情数直線**に自分だったら迎えに行くかどうかを表す。 ・考えが変わった子，変わらない子それぞれ理由をまとめる。

01 デジタルホワイトボードの心情数直線で自分の考えを表す

　Canva や FigJam などのデジタルホワイトボードツールに心情数直線を挿入し，子供たちの人数分のアイコンを用意します。編集可能な共有リンクを発行し，子供たちをボードに参加させます。子供たちは自分のアイコンをドラッグして，自分の考えに合う位置に移動させます。

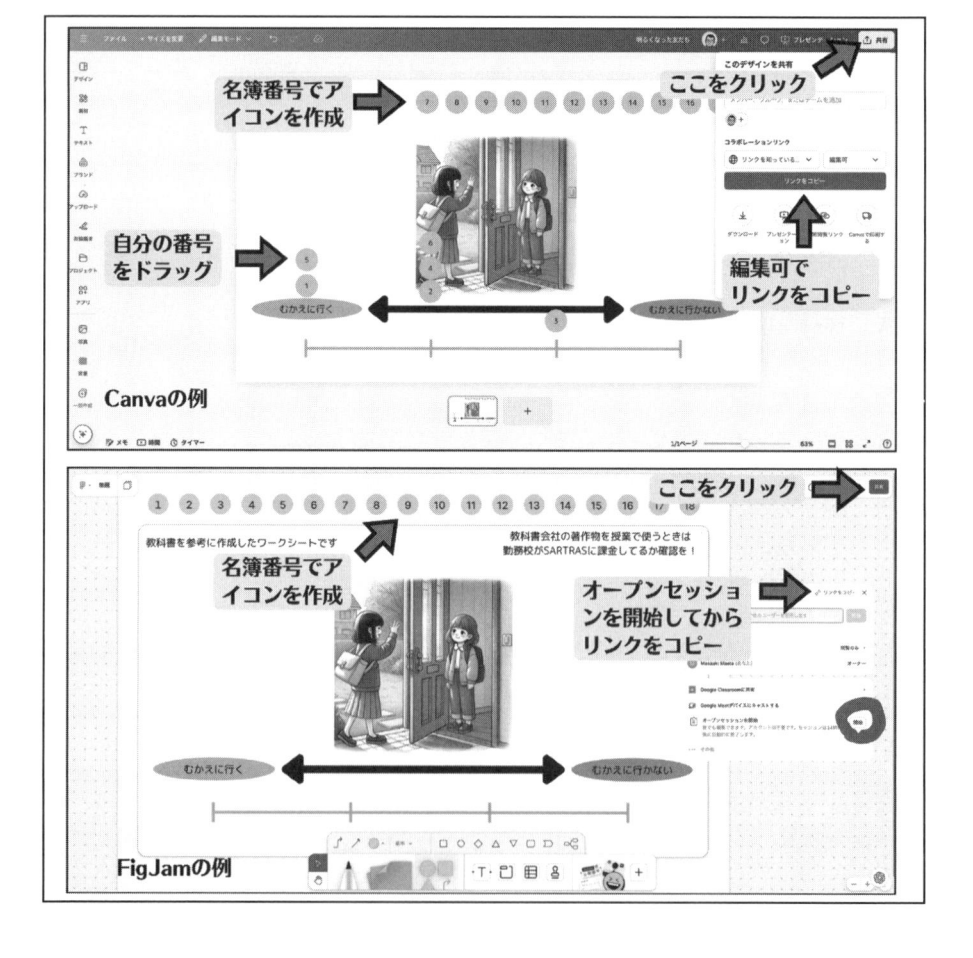

02 心情数直線をコピーして考えの変化がわかるようにする

　心情数直線をアイコンごと複製して編集できるようにします。

　話し合いのあとに自分の考えが変わった場合は，アイコンを移動させます。変わらない子はそのままにさせます。最初の心情数直線と並べて表示して，考えの変化を見取りましょう。

　そのあとに，自分がアイコンを動かした（動かさなかった）理由を発表させます。全員に発表させる時間がない場合は，アイコンにコメントを追加して理由を書かせます。

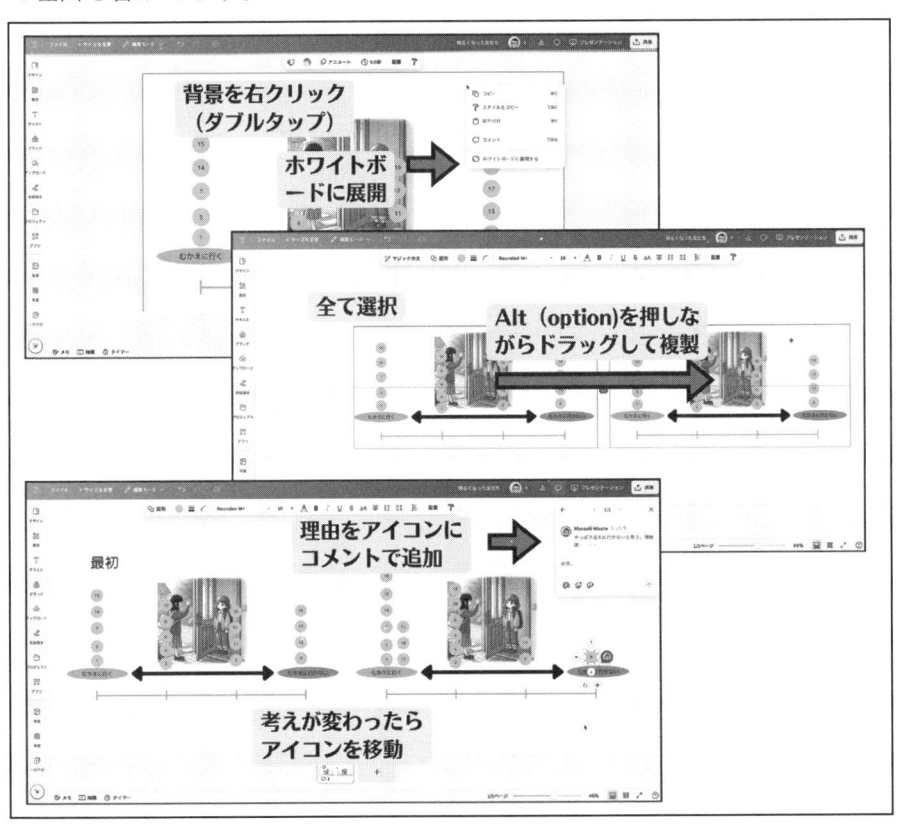

6年　国語

意見文を書こう

共有された考えから自分の考えを深める

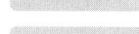　活用ツール ▶ Canva 他

ねらい（2時間分）

・筆者の主張に対する自分の考えを意見文にまとめる。
・まとめた意見を伝え合い，自分の考えを深める。

Before　指導案

指導内容

導入
・筆者の主張や述べ方について，どれくらい納得しているか考える。
・めあてを確認する。

展開
・筆者の主張への自分の考えを意見文にする。（ここまで授業の1コマ目）
・意見文を交換して読み合い，付箋でコメントを付け合う。（ここから2コマ目）
・交流後の新たな気づきを意見文に書き加える。

終末
・振り返る。

　説明的文章を読み取り，筆者の主張を捉え，要旨をまとめたあとに，それに対しての自分の意見文を書く活動です。

　Before ではノートに意見文をまとめ，それを友達と交換して読み合い，付箋でコメントを付け合っています。友達の意見文や，もらったコメントから得た新しい視点を文章に追記して振り返りとしています。

　After では共有された1つのファイルに全員の意見文が記入されるためノートの交換の必要がありません。また，書き終わった子から読み合いを始められるので時間が短縮でき，追記後にもう一度読み合う時間を確保できます。

After 指導案

	指導内容
導入	・筆者の主張や述べ方について，どれくらい納得しているか考える。 ・めあてを確認する。
展開	・筆者の主張への自分の考えを**共有した Canva で**意見文にする。（ここまで授業の1コマ目） ・意見文を読み合い，**ページにコメント**を付け合う。（ここから2コマ目） ・交流後の新たな気づきを意見文に書き加える。 ・**追記した意見文を読み合い，付箋でコメント**を付け合う。
終末	・振り返る。

01 Canva に意見文を記入する

　Canva でデザインを「プレゼンテーション」で新規作成します。あとから印刷するからといってＡ４サイズで作成すると，あとでホワイトボードに展開できなくなるので注意が必要です。キーボードのＴを押してテキストを挿入し，上部ツールバーの縦書きのテキストをクリックしてテキストを縦書きにし，配置をクリックして上揃えにします。テキストを複製して，タイトル欄，氏名欄，本文欄を作成してから，人数分ページを作成し，編集可権限で共有して子供たちに開かせ，意見文を記入させます。

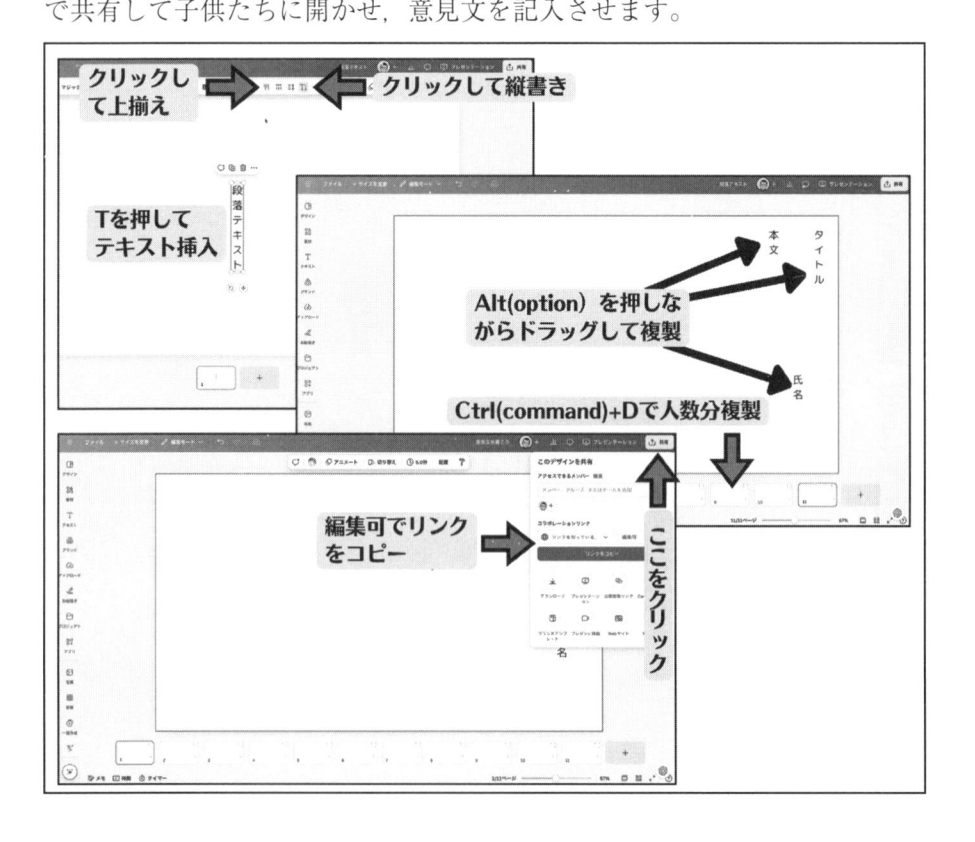

02 コメントし合う

　意見文を相互に読み合います。まずは隣の席の人同士で読み合い，次に同じ班のメンバー，それも終わったら自由にいろいろな人の意見文を読むようにすると，コメントの偏りがなくなります。コメントを付ける際は，ページの背景部分をクリックして吹き出しアイコンをクリックして感想やアドバイスをコメントします。意見交流が終わったら，友達の考えを読んで新たに気づいたことや考えたことを自分の意見文に追記します。

　作文に追記したあとのコメントは追記前と区別するために付箋で行います。ページの背景を右クリック（ダブルタップ）して，ホワイトボードに展開すると，付箋を貼るスペースをつくれます。終わったらプレゼンテーションに収束しましょう。

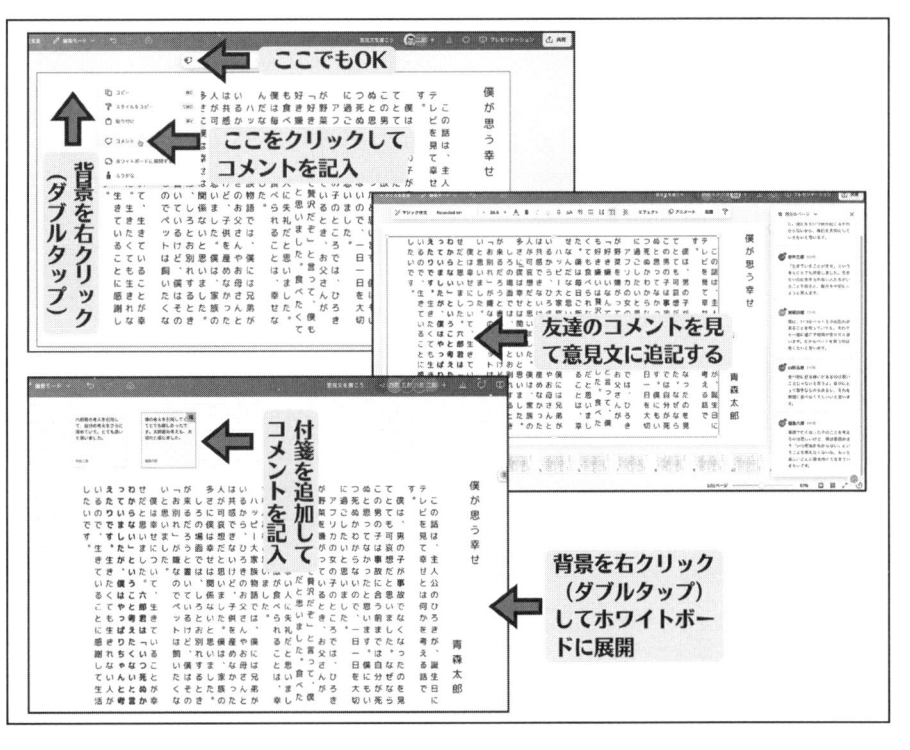

手書きのノートをデジタル化

活用ツール ▶ FigJam／Canva 他

01 デジタルツールと手書きノートの組み合わせ

　1人1台端末が普及し，デジタルツールの活用が当たり前になっても，手書きノートが完全に不要になるわけではありません。特にタイピングに慣れていない低学年の子供たちにとって，手書きノートは非常に重要な役割を果たしています。**デジタルツールと手書きノートを上手く組み合わせることで，双方の良さを生かした活動を進める**ことができます。

02 手書きノートとデジタルツールの併用

　手書きノートは，書くという行為自体が学びの定着に効果的であり，子供たちの思考を深めるツールとして重要です。しかし，これまでのように単にノートとして使うのではなく，デジタルツールを取り入れることで，さらにその活用範囲を広げることが可能です。

　具体的には，手書きのノートを撮影してデジタル化して，共有や再利用が簡単にできるようにします。これにより，ノートの内容をクラス全体で共有し，子供たち同士が意見交換を行うことがスムーズになります。

　これまでは，ノートを見せ合うためには物理的なノートの交換が必要でした。しかし，撮影したノートの画像を Canva や FigJam などのホワイトボードツールにアップロードすれば，複数のノートを瞬時に共有し閲覧することができます。

　画像には個別にコメントを付けることができるので，これまで付箋で行っ

ていたコメントの付け合いも，この機能を使うことで効率化され，他の子供の意見を参考にすることも容易になります。

03 撮影と共有の注意点

撮影に関しては，子供たちが慣れていないうちは画像が暗くなったりピンボケしたりすることがあります。これを防ぐために，撮影の際にはカメラをまっすぐ，真上から構えることを指導し，ノートが台形に写らないように注意することが大切です。トリミングの仕方を指導すると必要な部分だけを共有できるようになります。

また，名前や名簿番号を書き込んでから撮影すると，誰のものかがすぐにわかるようになります。こうした工夫が，授業の進行をスムーズにします。

04 生成ＡＩの活用による効率化

タイピングして入力したテキストと違い，手書きノートを撮影したものは変数やテキストのコピーができません。しかし ChatGPT や Microsoft Copilot，Gemini のようなマルチモーダルなＡＩを活用すると，画像内の手書き文字も簡単にテキスト化できるので，手書きのノートの内容を編集したり再利用したりすることが可能になります。子供たちが生成ＡＩを直接操作できなくても，教師が操作を代行することで，授業の効率化が図れます。

手書きとデジタル，そして生成ＡＩを組み合わせることで，教育の現場でより効果的な学びを提供することができます。子供たちにとっても，デジタル技術を活用しつつ，手書きの重要性を学ぶ機会が増えることで，より豊かな学習体験が得られるでしょう。

３年　国語

本で知ったことをクイズにしよう

プレゼンテーションをつくってクイズを出し合う

活用ツール ▶ Google スライド／PowerPoint／Canva

ねらい

・選んだ本の内容を理解し，それに基づいてクイズをつくることができる。

Before 指導案

	指導内容
導入	・めあてを確かめる。 「本を読んで知ったことをクイズにして，クイズ大会をしよう」 ・初めて知ったことや興味をもったことを本からノートに書き出す。
展開	・書き出したことから，クイズ問題をつくる。 ・クイズ大会の練習や準備をする。
終末	・学習を振り返り，次時の見通しをもつ。

　Before では，本の内容を確認し，付箋に書き出してノートにクイズを作成します。次に，そのクイズを使って友達と練習し，クイズ大会の準備を行っていきます。最後に，学んだことを振り返り次の学習への見通しを立てます。

　After では，プレゼンテーションアプリを使ってクイズ大会を行うことを前提とするので，タイピングができる子は最初からプレゼンテーションアプリに本の内容を書き出すことができます。タイピングスキルが十分に育っていない場合は，ノートに書いたものを撮影してトリミングし，プレゼンテーションアプリに取り込みます。

After　指導案

指導内容

導入

・めあてを確かめる。
「本を読んで知ったことをクイズにして，クイズ大会をしよう」
・初めて知ったことや興味をもったことを本から**パソコンの付箋に書き出す**。タイピングが苦手な子は，手書きの付箋を撮影して使う。

展開

・書き出したことを使って，**プレゼンテーションアプリでクイズ問題をつくる**。
・クイズ大会の練習や準備をする。

終末

・学習を振り返り，次時の見通しをもつ。

01 プレゼンテーションアプリに書き出す

　本を読んで興味をもったことや，初めて知ったことなどをプレゼンテーションアプリに書き出します。Canva を使う場合は，付箋の機能を使うと書き出しやすいです。Google スライドや PowerPoint の場合はテキストで直接書き込んだほうが良いでしょう。文をそのまま書き写すのではなく，短くまとめたほうが良いことを伝えましょう。

　使用するプレゼンテーションのファイルは共有リンクを作成させ，教師に共有させます。共有の手順を子供たちに身に付けさせておきましょう。

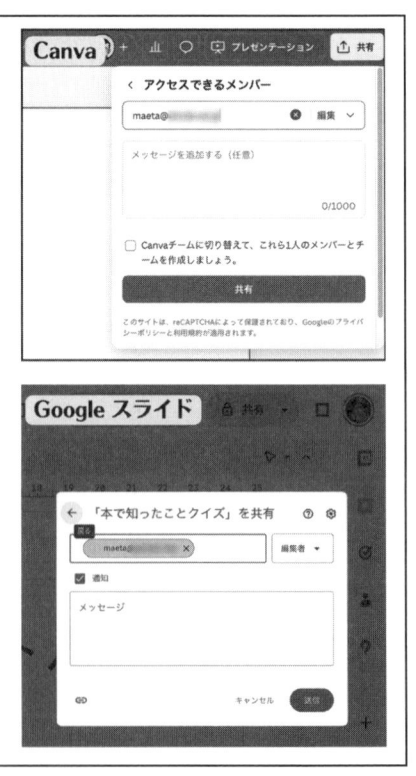

CanvaもGoogleスライドもPowerPoint
も共有は右上にあります。
アクセスできるメンバーやユーザーに教
師のメールアドレスを貼り付けさせ送信
（Canvaは共有）をクリックすると、教
師にリンクが送信されます。
教師のメールアドレスはコピーして貼り
付けできるようにGoogle Classroomや
Teamsの課題に記入しておきます。

02 プレゼンテーションアプリでクイズをつくる

　プレゼンテーションアプリでクイズをつくります。問題で1ページ，答え
で1ページの2ページ構成にします。一問一答のクイズは問題をつくりやす
いのですが，発表会のときになかなか正解が出ずに時間が長引く傾向にあり
ます。選択問題は誤答を考えることが難しく，選択肢を見るだけですぐに正
解がわかってしまうような問題になりがちですが発表会はスムーズになりま
す。◯×問題は簡単につくれるし進行もスムーズになります。クイズ自体を
楽しむことよりも，発表をスムーズに進行させたい場合は選択問題や◯×問
題のクイズにすると良いでしょう。

　タイピングスキルが育っていない子には無理をさせずに，ノートに書いた
ものを撮影して，プレゼンテーションに取り込ませましょう。すべてを写真
にするのではなく，書名などの短い語句はタイピングに挑戦させましょう。
使わないといつまで経ってもスキルは向上しません。

地図サービスの活用

活用ツール ▶ Google マップ／Google Earth 他

01 デジタル地図で地域を俯瞰する

Google マップや Google Earth のような地図サービスを活用することで，簡単に自分たちの住む地域を上空から俯瞰することが可能になります。これにより，畑が広がる地域や工場地帯など，社会の授業で重要な地理的要素を視覚的に確認することができます。こうしたデジタル地図による俯瞰的な視点は，地理的理解を深める上で非常に効果的です。

02 アナログとデジタルの融合

だからといって，なんでもかんでもデジタル地図サービスを使えば良いというわけではありません。まずは紙の地図を使って子供たちに地形や土地の使われ方を読み取ることを学習させます。そのあとに Google マップや Google Earth で読み取った内容と，実際の様子を照らし合わせます。このプロセスを繰り返すことにより，**子供たちは地図と実際の様子を頭の中で結び付けることができるようになります。**

03 カスタムマップの作成と探検活動

Google マップの「マイマップ作成機能」や Google Earth の「プロジェクト機能」を活用することで，子供たちは自分の地図を作成することができます。例えば，学校周辺の消防設備の位置や学校周辺の公共施設の場所をデジ

タル地図上に記録するような活動ができます。位置をポイントするだけではなく，説明を記入したり，自分たちが撮影してきた写真を添付したりできます。

Google Earth の場合はそれをプレゼンテーション表示することで，そのまま発表資料にもできるので，わかりやすさと効率性を両立できるのです。

教科の学習だけではなく，修学旅行の見学計画を立てるのにもカスタム地図の作成は役立ちます。紙にこだわらないのであれば，カスタム地図をそのまま旅のしおりにすることも可能です。

04 ストリートビューによる現実的な体験

ストリートビュー機能を活用することで，子供たちは教科書に載っている場所を実際に訪れたかのような体験ができます。

例えば，青森に住んでいる子供たちは前方後円墳を見ることはできませんが，ストリートビュー機能を使うと仁徳天皇陵古墳の近くを歩いているように見ることができます。逆に大阪に住んでいる子供たちが青森の三内丸山遺跡や白神山地を歩いているように見ることもできます。

05 理科や算数での応用

Google マップや Google Earth は社会だけではなく，理科や算数の授業でも効果的に活用できます。例えば，大地のつくりの学習で，近くに露頭がなく，実際に地層を観察することが難しい場合でも，ストリートビューを使って地層を擬似的に観察することができます。

また，算数でおよその面積を学ぶ際に，地図アプリの距離測定ツールを使って自分の学校の面積や青森県の面積を概算することができます。

3年　社会

火事からくらしをまもる

ストリートビューで
地域の消防施設・設備を探す

活用ツール ▶ Google Earth

ねらい

・火災の際に安全を確保するため，消防設備の配置が工夫されていることを学ぶ。

Before　指導案

	指導内容
導入	・身の回りの消防施設を探す。 ・めあてを確認する。
展開	・学校周辺の消防施設を探す。 ・調べたことを地図にまとめて，わかったことや気づいたことを話し合う。
終末	・まとめる。 ・振り返る。

　1時間でまちの中の消防施設について調べ，地図にまとめるのは，実質不可能です。最低でも見学に1時間，地図にまとめるのに1時間はかかります。多くの場合，すでに消防署の見学で2時間は使っているので，ここでさらに2時間使うのは困難です。数日前から，自宅付近の消防施設に気を配るように指示しておき，場所の目星を付けさせた上で，Google Earth のストリートビューで自宅周辺を疑似探検させます。発見した施設の位置は，プロジェクトに保存することで全員に共有されます。擬似探検終了後に Google Earth で上空から俯瞰すると，学区のどこにどのような施設があるのかがひと目でわかります。

After 指導案

指導内容

導入	・身の回りの消防施設を探す。 ・めあてを確認する。
展開	・住んでいる地域の消防施設を **Google Earth のストリートビューで探し，プロジェクトに保存する**。 ・わかったことや気づいたことを話し合い，**プロジェクトに追記し**，発表する。
終末	・まとめる。 ・振り返る。

01 Google Earth で擬似探検する

　Web ブラウザで Google Earth を開き，左サイドバーの+新規をクリックしてプロジェクトを作成し，学校名で検索してプロジェクトに追加します。プロジェクトは Google ドライブに保存されているので，Google Classroom から「生徒がファイルを編集できる」に設定して子供たちに送ります。子供たちがプロジェクトを開いたら，まずは学校周辺の消防施設を探して，ストリートビューでの移動とプロジェクトへの保存を練習します。その後，自宅住所を検索させ，自宅周辺の地図を開き，ストリートビューで消防施設を探します。消防施設を見つけたら左下のこのビューをキャプチャをクリックしてプロジェクトに保存します。保存後キーボードの Esc キーを押すと俯瞰ビューに戻り，保存した場所の編集ができます。消火栓は赤，防火水槽は青，避難場所は黄色など，アイコンを色分けさせましょう。ときどきブラウザを再読み込みさせると，友達が追加した場所を確認できます。

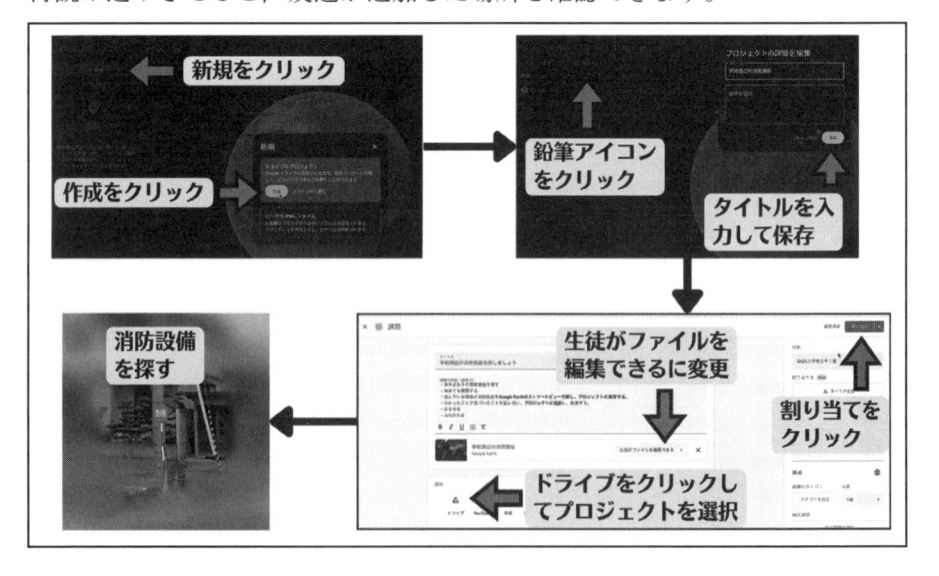

02 上空から俯瞰して気づいたことを話し合う

　擬似探検が終わったら，スライドショーにして，子供たちが見つけた消防施設を全体で確認します。その後，それぞれの端末で Google Earth を俯瞰ビューにして，右下のズームアウトをクリックして上空から学区を俯瞰させます。ペアやグループで気づいたことを話し合わせ，全体で共有し，まとめます。振り返りの記入が早く終わった子には自由探検をさせましょう。学区探検の続きをさせると，俯瞰図で消火栓の空白地帯を見つけ「この辺にもあるはず」と目星を付ける子が出てきます。他の市町村や，教科書に出てくる土地について擬似探検させると，消防設備の配備が計画的で全国的であることに気づかせることができます。

子供達が見つけて消防施設が追加される

ペグマンをドラッグ＆ドロップしてストリートビューへ移行

※この消火栓の配置はイメージであり、実際の配置とは大きく異なります

6年　算数

およその形と大きさ

地図アプリで調べたい場所を探して，
およその面積を求める

活用ツール ▶ Google マップ／Google Earth

ねらい

・形状を大まかに捉え，およその面積を求めることができる。

Before 指導案

指導内容

導入
・問題文を読み，題意をつかむ。
・めあてを確認する。

展開
・前方後円墳のおよその面積の求め方を話し合う。
・まとめる。

終末
・身の回りのもののおよその形を考えてその面積を求める。
・振り返る。

　題意をつかんでからまとめまでは Before と同じ流れで進めます。まとめが終わったあとは，まず自分の手のひらのおよその形を考えて面積を求め，Google マップで自分たちの学校を表示して，およその面積を求めます。そのあとは，自分で調べたい場所を選んで，およその面積を求めさせます。

　どこでも好きなところを選ばせると，場所選びで時間を浪費する子もいるので，東京ディズニーランドや皇居，富士山など，いくつかリストアップしておき，子供たちが選択できるようにすると良いでしょう。北海道の面積や四国の面積など，実際の面積がはっきりしているものを調べさせて概算の結果と比較させてみるのもおすすめです。

$\boxed{\text{After}}$ 指導案

指導内容

導入

・問題文を読み，題意をつかむ。
・めあてを確認する。

展開

・前方後円墳のおよその面積の求め方を話し合う。
・まとめる。

終末

・**Google マップから調べたい場所を探し，形を考えてその面積を求める。**
・振り返る。

01 調べたい場所のスクリーンショットを撮影する

　Google マップや Google Earth で調べたい場所を表示します。調べたい場所全体が大きく表示されるように調整してからスクリーンショットを撮影します。Windows 端末は Shift＋Windows キー＋ S，Chromebook は Shift＋Ctrl＋ウィンドウを表示キーでスクリーンショットを撮影できます。

02 写真に書き込めるようにする

　Windows は保存したスクリーンショットを「ペイント」で開くと書き込みできるようになります。Chromebook はファイルをダブルクリックで開き，上部ツールバーの描画アイコンをクリックすると書き込みできます。

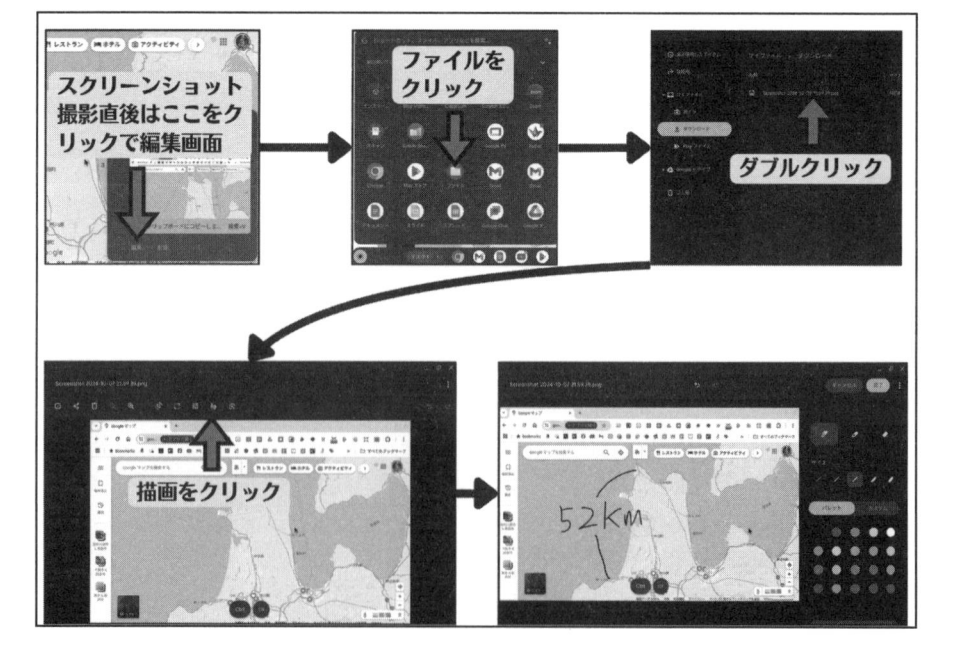

03 Google マップや Google Earth で距離を測定する

　Google マップの場合は，地図上で右クリック（ダブルタップ）するとメニューが表示されるので<u>距離を測定</u>をクリックします。地図上に○が表示されるので，それをドラッグして測定の始点に移動します。測定の終点をクリックすると 2 点間の直線距離が表示されるので，スクリーンショットの画像に長さを書き込み，およその面積を求めます。

　Google Earth の場合は，上部ツールバーにある定規のアイコンをクリックすると距離を測定できます。

　距離を測定したら，スクリーンショットの画像に長さを書き込んで，およその面積を求めます。

オンラインミーティングツールを
教室で活用

活用ツール ▶ Google Classroom／Microsoft Teams 他

01 授業でのオンラインツール活用

　新型コロナウイルス蔓延により，学校現場でも Zoom，Google Meet，Microsoft Teams などのオンラインミーティングツールが活発に利用されるようになりました。しかし，コロナ禍が落ち着いた現在では，オンライン授業の頻度が減少し，これらのツールは，学校行事や集会活動での活用に限定されることが多くなっています。これは非常にもったいないことだと私は感じています。せっかく使えるようになったオンラインミーティングツールを，もっと授業で活用しましょう。

02 教室内でのオンラインディスカッションの活用

　教室内での話し合いに，オンラインミーティングツールをあえて使ってみましょう。この場合，マイク付きイヤホンが必要になります。100円ショップで子供用に最大音量が低めに設定されているものが入手できます。

　ブレイクアウトルーム（参加者を小グループに分けて個別にディスカッションを行える機能）を使って，話し合いの相手をランダムに変えることができます。これにより，同じテーマでも異なる視点からの意見交換が行われ，子供たちの考えが深まっていきます。

　最初は声を張り上げて話す子もいますが，イヤホンを付けたオンラインミーティングでは大きすぎる声がかえって聞きづらいため，次第に適切な音量で落ち着いて話すようになります。その結果，教室全体が落ち着いた話し合

いができる環境になります。また，子供たちの中には，人の目を見て話すのが苦手という子が少なからず存在します。そのような子でも画面越しであれば臆せず話ができる場合もあります。

03 音声以外での情報のやり取り

　オンラインミーティングツールは，音声でのやり取りだけではなく，チャット機能も付いています。これまで学校での話し合いでは，1人が話しているときは他の人は黙って聞くという指導がされてきました。もちろんそれはとても大事な指導ですが，授業中の話し合いの時間は短いことが多く，1人が長々と話してしまうと，他の人が十分に発表することなく時間切れとなってしまうことも多々あります。

　タイピングに慣れてきたら，1人が話をしている間に質問したいことや意見などをチャットに書き込んでおくと，効率良く話し合いが進行します。音声とテキストを同時に使ってコミュニケーションを取ると，同じ時間でやり取りできる情報量が増大し，同じ時間でも濃密な話し合いができるようになります。子供たちは普段からゲームをしながらのコマンド入力などの操作に慣れているので問題なく対応していきます。

　話を聞きながらテキストを入力することに違和感を覚える人もいるでしょう。教室内でオンラインミーティングツールを活用する話し合いは，効率を重視するときに行うものなので，従来の話し合いとは分けて考える必要があります。

　スタンプなどで賛成や反対，いいねなどの意思表示をすることもでき，それらを使うことで簡単なコミュニケーション量が増加します。

　有料プランだけの機能になりますが，ミーティングの様子を録画することもできるため，あとからその録画を見て振り返ったり，教師が評価の材料に活用することもできます。

3年　道徳

絵葉書と切手

オンラインミーティングツールで
メンバーを入れ替えて話す

活用ツール ▶ Google Meet

ねらい

・友達との心の絆の大切さを認識し，お互いに信頼し合い，助け合おう
　とする心情を育てる。

Before 指導案

指導内容

導入
・郵便料金のことについて知る。
・教科書を読んで，モヤモヤポイントを確認する。
・めあてを確認する。

展開
・友達から料金不足の絵葉書を受け取ったときの気持ちを話し合う。
・料金不足のことを知らせると決めたことについてどう思うか話し
　合う。

終末
・絵葉書への返事を書く。
・振り返る。

　その人の気持ちを想像し，それにあった絵文字を選ばせ，なぜその絵文字を選んだのかを説明させることで話しやすい雰囲気をつくります。

　教室内で Google Meet を使って話し合わせることで，人の目を見ながら話すのが苦手な子でも安心して発言できるようにします。ルーレットアプリを使って話し合うメンバーを入れ替えることで，いろいろな人と対話させます。短い時間でメンバーを入れ替えることで，最初は曖昧だった理由付けが，回を重ねるうちに少しずつ明確になっていきます。

　ワークシートを用意せず，教科書に直接書き込み，それを撮影して Canva に貼り付けてシェアすることで，準備の手間を省くとともに，短時間で多くの人が書いたものを閲覧できるようにします。

After 指導案

指導内容

導入
- 郵便料金のことについて知る。
- 教科書を読んで，モヤモヤポイントを確認する。
- めあてを確認する。

展開
- 友達から料金不足の絵葉書を受け取ったときの気持ちを顔文字であらわし，**Google Meet で理由を話し合う。**
- 料金不足のことを知らせると決めたことについてどう思うか **Google Meet で話し合う。**

終末
- 絵葉書への返事を書いて **Canva に貼り付けて共有する。**
- 振り返る。

01 Google Meet の会議室を複数用意する

　有料版の Google for Education であれば，ブレイクアウトルーム機能で，複数の会議室を簡単に用意できますが，大多数の無料版導入校ではブレイクアウトルームは使えません。Web ブラウザのアドレスバーに「meet.new」と入力してエンターキーを押すと新しい Google Meet が開くので，ＵＲＬをコピーして，Google ドキュメントなどに貼り付けておきます。これを複数回繰り返すと簡易ブレイクアウトセッションが可能になります。子供たちは割り当てられた会議室のリンクを開いて話し合います。

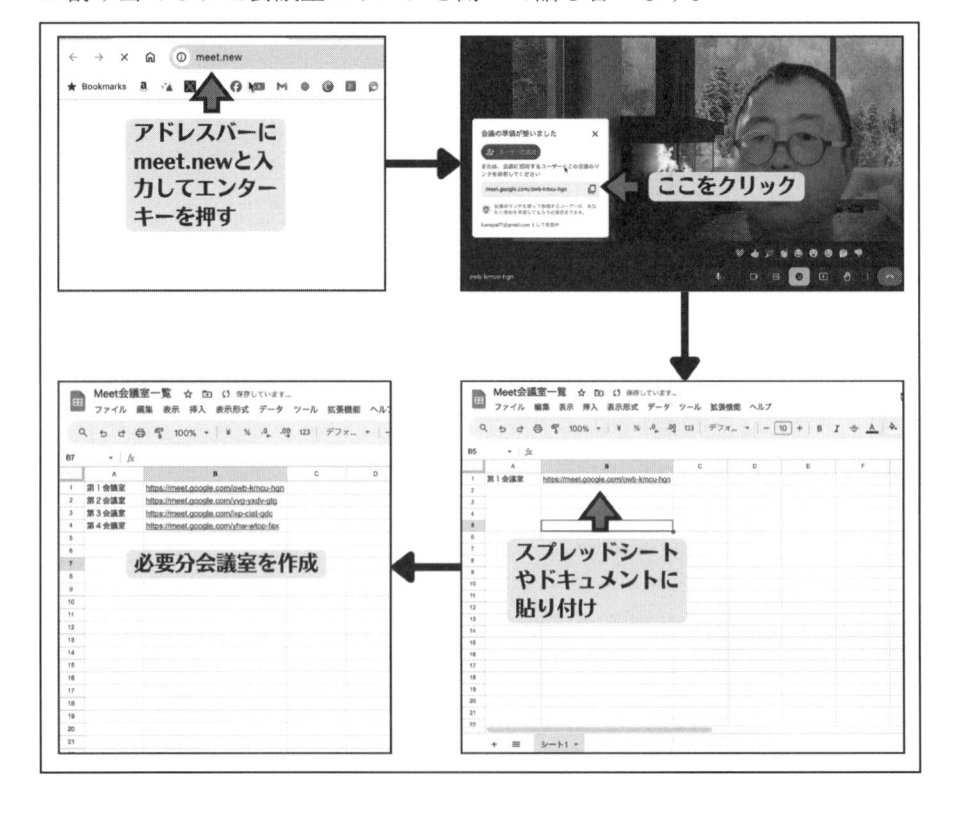

02 Classroomscreen で会議室をランダムに割り当てる

　教室内オンラインミーティングの醍醐味は，座席の移動をせずにいろいろな人と話し合えることにあります。Classroomscreen のグループビルダーを使うと，ランダムにグループ分けを行い，話し合うメンバーを変えることができます。

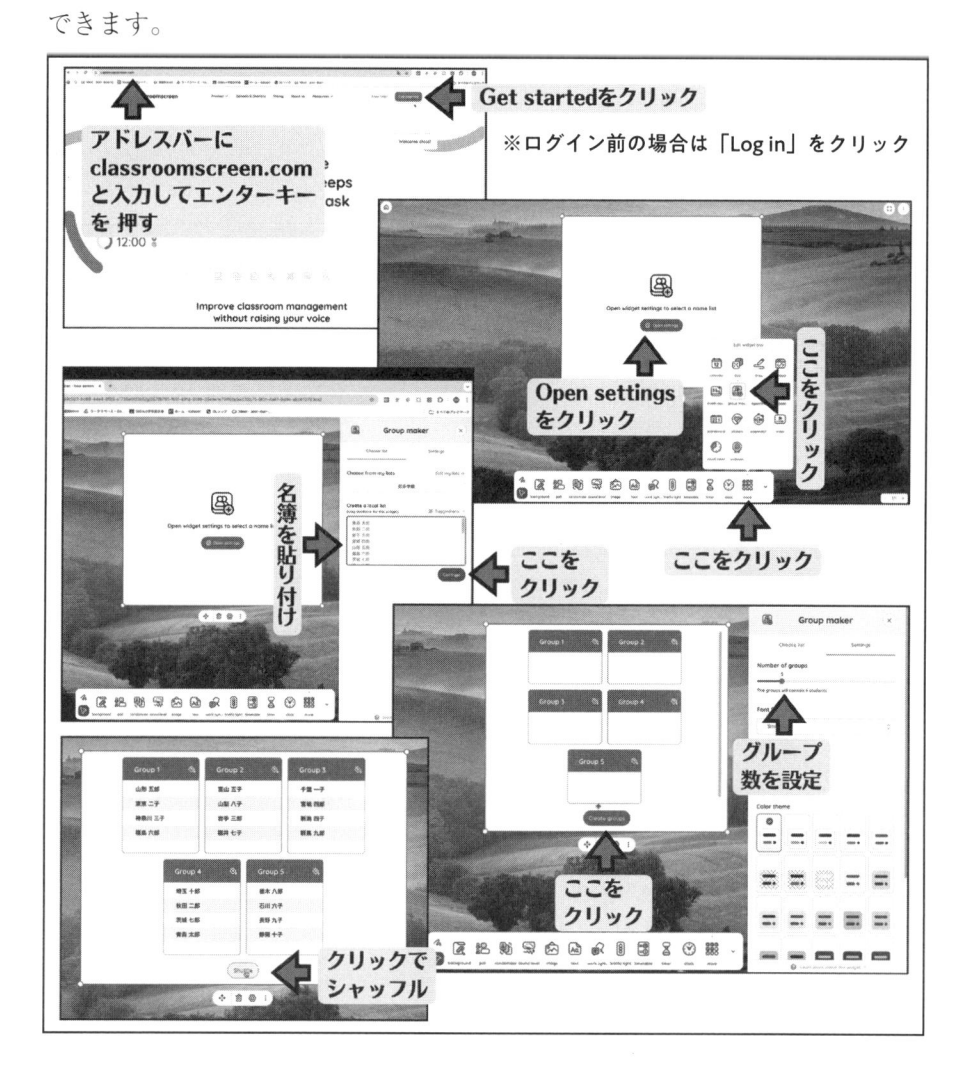

クイズアプリの活用

活用ツール ▶ Kahoot!／Quizlet 他

01 クイズアプリを授業に取り入れることは極めて有効

　Kahoot! や Quizlet といったクイズアプリは子供たちの学習意欲を高めるための強力なツールです。

　これらのアプリは，ゲーミフィケーションの要素を取り入れ，クイズやデジタルフラッシュカードを通じて楽しく学べる環境を提供してくれます。Web ブラウザで利用可能で，場所を選ばず学習できます。個人学習やグループ学習，リアルタイムクイズなど，多様な学習モードに対応しており，一人ひとりのスタイルに合わせた学習が可能です。

02 学習意欲の向上と授業の活性化

　ゲーム感覚の学習により，子供たちの参加意欲とモチベーションが高まります。個別対応だけではなく，全員参加型の活動が実現し，授業全体が活性化します。子供たちの間の対話も促進され，協働的な学習環境が整います。

　教師は子供たちの理解度をリアルタイムで把握でき，適切な指導が可能になります。クイズの結果をその場で確認できるため，つまずきやすいポイントを即座に見つけ出し，効果的なフォローができます。

　非常に魅力的なツールであるだけに，使い方を誤るとクイズに勝利することだけを目的として，学習として成立しない場合もあります。学習内容と子供たちの実態を見極めてバランス良く取り入れる必要があります。

03 知識の定着に最適

　知識を記憶としてしっかりと定着させるには，意味の理解だけではなく地道な繰り返しが必要になります。しかし，この繰り返し作業が単調でルーティンワーク的なものとなってしまうと，学習に対する嫌悪感が生まれ，逆効果にもなりかねません。

　クイズアプリを使った繰り返し学習や様々な形式での復習は，楽しみながら同じ内容に何度も触れることになるので，知識の定着が図れます。

04 Kahoot! と Quizlet の特徴

　Kahoot! は，コンピュータが出題するクイズに回答する形式のクイズアプリです。ＢＧＭや視覚効果，ポイント制などでワクワク感を演出します。選択問題や○×問題，記述問題など多様な形式で出題できます。多彩なゲームモードがあり，モードによっては時間内に同じ問題を繰り返し出題してくるので，知識の定着に役立ちます。リアルタイムでの活用の他に，リンクを発行して家庭学習に活用できるモードもあります。

　Quizlet はデジタルフラッシュカードを基本としたオンライン学習ツールで一問一答形式の問題を出題してきます。個人で全問正解までの時間を競うモードの他に，グループで相談しながら問題を解いていくモードもあります。

　どちらのアプリもオンライン上に全国の教師が作成したクイズが多数公開されており，それらを活用することで授業準備にかかる時間を短縮することができます。

　また，教師が問題を用意するだけではなく，子供たちに問題をつくらせることもできます。問題づくりは学習内容の深い理解が必要になるので，慣れてきたらぜひ取り組んでみましょう。

5年　国語

和語・漢語・外来語

和語・漢語・外来語を探して文章をつくり，クイズにする

活用ツール ▶ Kahoot!

ねらい（2時間分）

・言葉の成り立ちに関心をもち，世代ごとの言葉の使い方の違いに気づく。
・和語・漢語・外来語を探して，正しく使うことができる。

Before 指導案

指導内容

導入
・和語・漢語・外来語があることを知る。
・和語・漢語・外来語の定義を理解する。

展開
・使い分けについて考え，それぞれの特徴をまとめる。
・身の回りにある文章から，和語・漢語・外来語を探して発表し合う。

終末
・振り返る。

　子供たちが疑問をもって学習を進められるように，学習前の状態でまず3択クイズを行います。

　最初は勘を頼りに答える子がほとんどですが，何問か続けていると，それぞれの言葉に特徴があることに気づいてきます。

　そのあとで，それぞれの言葉の定義を学習し，次は自分たちでクイズをつくっていきます。学級の実態に合わせて，1人でつくってもグループでつくっても良いでしょう。できた問題は Kahoot! にインポートしてみんなで実際にプレイしてみます。

After 指導案

	指導内容
導入	・**Kahoot! で和語・漢語・外来語クイズ**をする。 ・和語・漢語・外来語の定義を理解する。 ・和語と漢語で意味が異なる場合があることを知る。
展開	・使い分けについて考え，それぞれの特徴をまとめる。 ・身の回りにある文章から，和語・漢語・外来語を探して **Kahoot! のクイズにする。** ・**自分たちがつくったクイズをやってみる。**
終末	・振り返る。

01 つくったクイズを入力するフォームを用意する

　Kahoot! には Excel で問題一覧のシートを作成してインポートする機能があります。ただ，シートに直接問題を書き込ませると他の人の問題を消してしまうなどのトラブルになる可能性があるので，Google フォームで入力させましょう。こちらのリンク https://bit.ly/3zglhAf を開いて，フォーム付きのスプレッドシートを自分のアカウントにコピーします。メニューバーのツールをクリックして，フォームを管理→実際のフォームを開くの順に選択し，クイズの入力フォームを開きます。このフォームを編集後，子供たちに送信してクイズを入力させます。

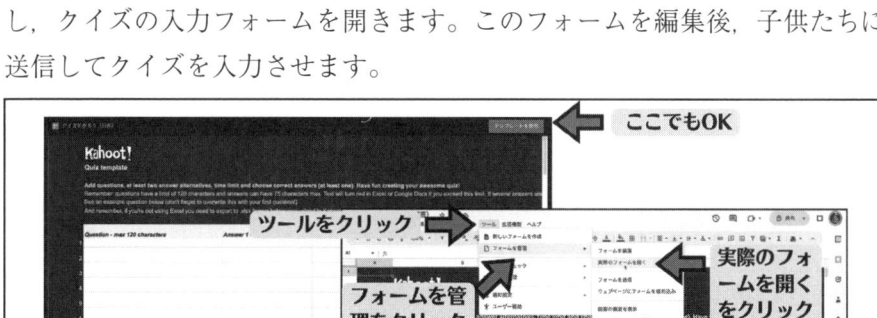

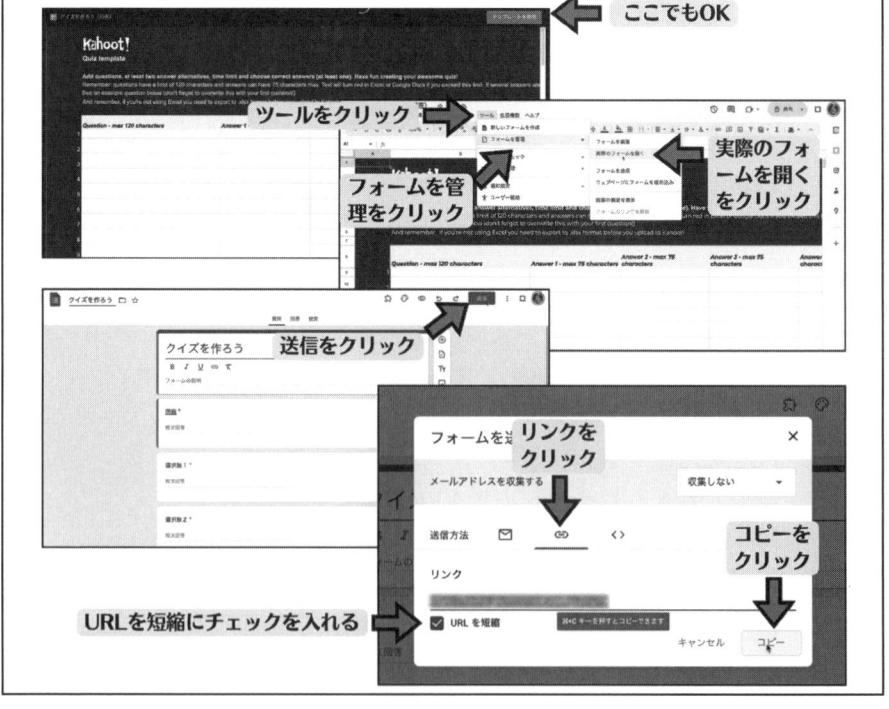

02 問題を Kahoot! にインポートする

　子供たちの問題づくりが終わったらスプレッドシートの「フォームの回答1」を開き，子供たちが入力した問題をすべて（タイムスタンプを除く）コピーします。「Kahoot! テンプレート」を開きＢ１セルに貼り付けます。メニューバーのファイルをクリックして，ダウンロード→ Microsoft Excel の順に選択してファイルをダウンロードします。Kahoot! を開き，問題の作成画面で左サイドバーの問題を追加をクリック，スプレッドシートをインポートをクリックします。ファイルを選択するをクリックして，ダウンロードした問題ファイルを選択してアップロードをクリックすると，子供たちがつくった問題が Kahoot! にインポートされます。

タイムスタンプ以外をコピー

フォームの回答１を開く

ファイルをクリック

Kahoot!テンプレートを開く

ここをクリック

ここをクリック

ダウンロードしたファイルをアップロード

インポートをクリック

2 年 算数

九九のカード練習

九九のクイズに取り組み，苦手を克服する

活用ツール ▶ Quizlet

ねらい

・かけ算九九に習熟する。

Before 指導案

指導内容

導入

・めあてを確認する。
・手順を確認する。

展開

・カードをよく混ぜて，取り出しながら答えを言ってみる。
・友達とカードを出し合い，相手の答えを言い合う。
・答えを表にして並べ，九九を言ってもらってカルタのように取る。
・カードをよく混ぜて取り出し，答えを見て九九を言ってみる。

終末

・振り返る。

九九の習熟の場面で，暗記が苦手な子にとって，単調な作業を繰り返すのは苦痛になりがちです。Quizlet でゲーム感覚のインタラクティブな学習で興味を引きながら九九の暗記に取り組ませてみましょう。自分のペースで苦手な段を重点的に練習できるので，苦手な段も克服しやすくなります。ＵＲＬを伝えると，スマートフォンやタブレットを使って家庭でも学習できるため，日常的に九九に触れる機会が増えます。これにより，記憶の定着が促進され，自信も高まります。

※家庭で使う場合は保護者承諾の上で子供用アカウントが必要になります。

$\boxed{\text{After}}$ 指導案

■	指導内容
導入	・めあてを確認する。 ・手順を確認する。
展開	**・Quizlet の単語カードで苦手な段を復習する。** **・Quizlet Live で九九のクイズに取り組む。** **・チームや問題を変えてクイズを続ける。**
終末	・振り返る。

01 問題を作成する

　Quizletでは他のユーザーが作成した問題セットを検索して使用することもできますが、問題のつくり方を覚えておくと、九九以外でも活用できるようになります。Quizletを開いたら右上の「＋」をクリックして単語カードのセットをクリックします。タイトルを入力して1つ目の用語に式、定義に答えを入力します。用語と定義の言語を日本語に設定してから、2問目以降を作成していきます。入力が終わったら作成するをクリックすると問題セットが完成します。

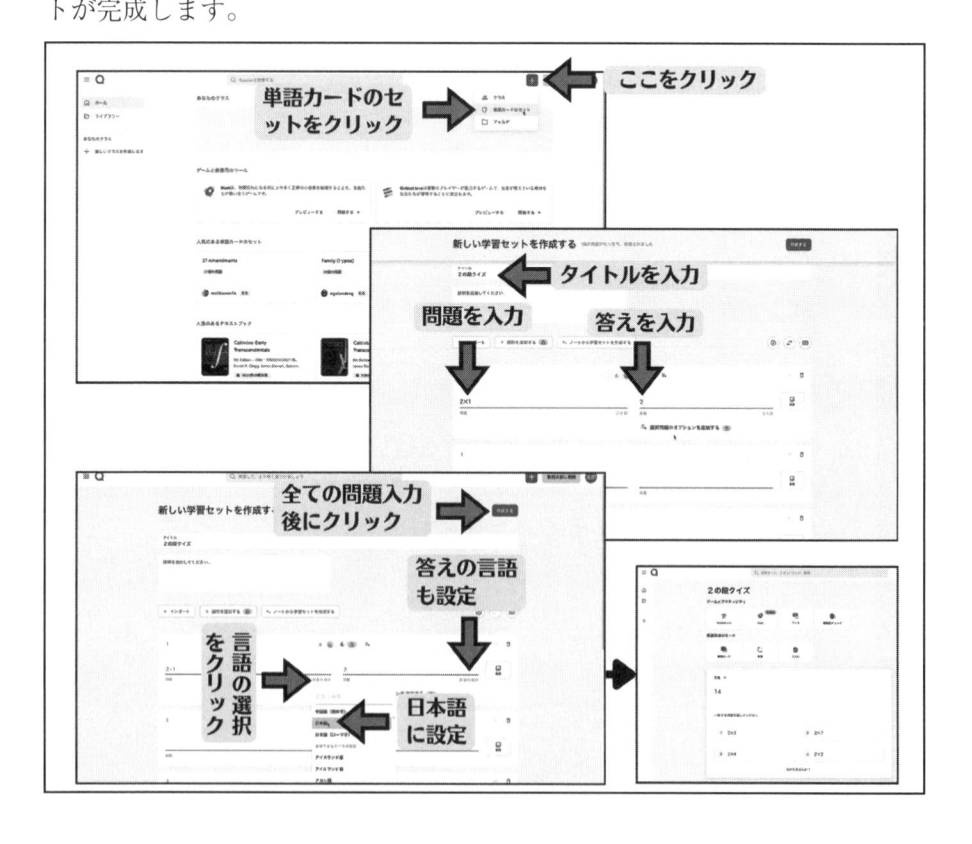

02 Quizlet Live を開催する

　クイズセットの Quizlet Live をクリックしてランダム方式をクリックします。プレーの仕方を選択するとゲーム画面になり，音楽が流れ始めます。左サイドバーのゲームコードを入力するか，ＱＲコードを開くとゲームに参加できるようになりますが，リンクをコピーして Google Classroom や Teams で配信するとスムーズです。子供たちは自分のニックネームを入力して参加します。全員が参加したらゲームの作成をクリックして，ゲームを開始しましょう。チームごとの対戦では答えの選択肢が必ずしも自分にあるわけではなく，チームメンバーの誰かにあるので，話し合いながらゲームを進めていきます。途中でメンバーを入れ替えると盛り上がります。

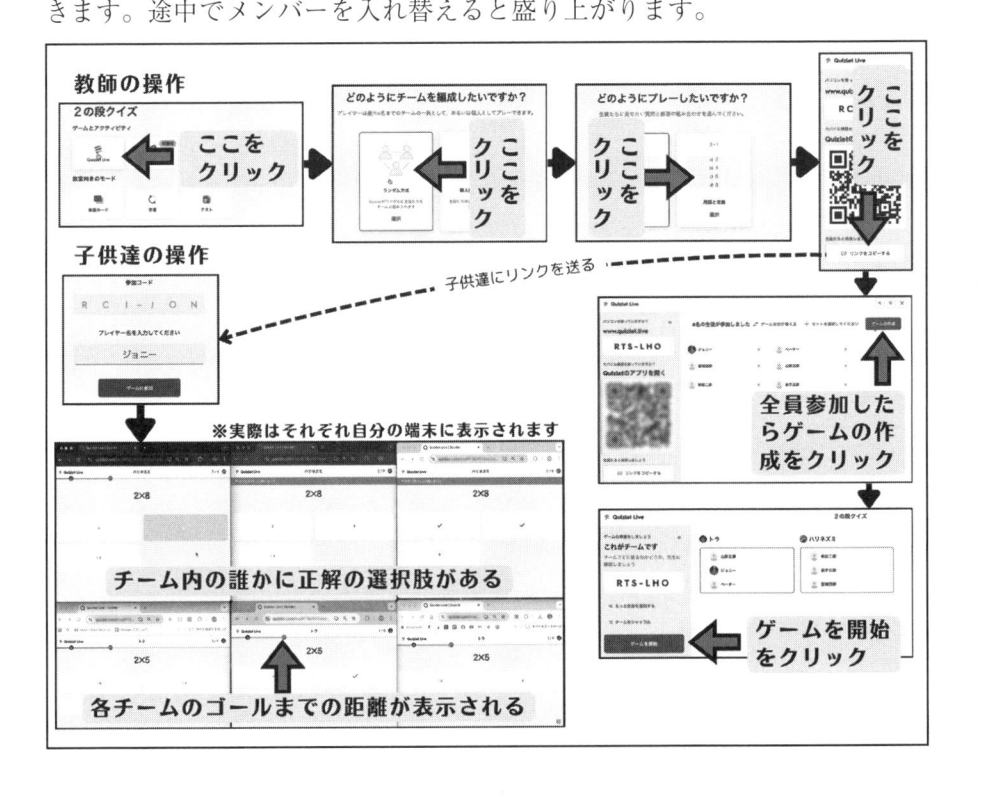

音楽の作成

活用ツール ▶ カトカトーン，Suno 他

01 学校での音楽作成が手軽になった

　これまでの多くの音楽作成ソフトは Windows 用のインストール型のソフトでした。ＧＩＧＡスクールの時代になって，いくつかの音楽作成 Web アプリがリリースされ，それを使った実践も生み出されましたが，教科書の内容に沿って授業を行うのは難しいのが実情でした。

　そこで，教科書会社である教育芸術社がリリースした簡易ＤＡＷ（Digital Audio Workstation）「カトカトーン」を使うと，教科書に沿った音楽作成の授業が実施できます。学校単位で登録すると無料で使用できる Web アプリなのでほとんどの学校ですぐに使用できます。教育芸術社以外の教科書を採択している学校でも使えます。

02 楽器不足問題を解決

　すべての学校に十分な楽器が整備されているわけではありません。カスタネットやトライアングルなどは全員に行き渡る数が確保されていても，鉄琴や木琴のような大型の楽器や，ボンゴやコンガのようなラテン楽器，マラカスのような小物楽器は破損や経年劣化で使用できなくなっていて数が不足している場合もあるでしょう。カトカトーンにはたくさんの楽器の音色が用意されているので，本物の楽器の順番が回ってくるまでは端末を使って活動することができます。入力した通りに演奏してくれるので，本物で演奏するときのイメージを簡単につかむことができます。

03 生成ＡＩで音楽をつくる

　外国語の学習では以前から歌やチャンツを使った学習が行われてきました。学習内容を歌にして，音楽と言葉を結び付けることで，リズムやメロディが記憶の手がかりとなり，忘れにくくなります。しかし，外国語以外の教科ではあまり使われていません。ネットで探しても，理科や社会に特化した学習ソングはあまり見つけられません。

　音楽生成ＡＩを使うと，音楽の知識がなくても，数分でオリジナルの歌入りの曲を生成できます。音楽生成ＡＩサービスの「Suno」は歌詞と曲のジャンル（J-POP，Rap など），曲のタイトルを入力するだけで音楽を生成してくれます。Google，Microsoft のアカウントを使って無料で使用できます。

　無料の場合１日に５回まで生成可能ですが，Teacher's プログラムに登録すると，使用できる回数を増やすことができます。https://bit.ly/3XLOFIc

04 歌詞も生成する

　曲をつくるのは簡単でも，肝心の歌詞をつくるのが大変だと思われるでしょう。学級の歌をつくる活動などの場合，時間をかけて歌詞を考えることに価値がありますが，日々の教科の授業で，毎日歌詞をつくるのは現実的ではありません。

　曲をＡＩで生成するのですから，歌詞もＡＩで生成してしまいましょう。すべてを生成ＡＩに任せてしまっては，単なるチートで怠慢でしかありませんが，まとめや子供たちの振り返りなどを生成ＡＩに読み込ませてそれらが含まれるように歌詞を生成するように指示します。

　生成は子供たちの目の前で行います。完成したものだけを見せられた場合，そこに子供たちの言葉が込められていたとしても「自分たちの歌」という意識は薄れます。慣れてくると数分で生成できるので，ぜひ挑戦してほしいと思います。

4年　音楽

「さくら さくら」の音階で旋律づくり

DAW（Digital Audio Workstation）で旋律をつくる

活用ツール ▶ カトカトーン

ねらい（2時間分）

・日本の音階の良さを感じ取りながら旋律をつくる。

Before　指導案

指導内容

導入

・めあてを確認する。
・音階をリコーダーで吹いてみる。

展開

・ワークシートを使って音の上がり下がりを試しながら旋律をつくる。
・グループで8小節の旋律をつくる。
・録音して聞きながら手なおしをする。

終末

・発表する。
・振り返る。

「さくら　さくら」で使われている音階を使って旋律をつくる活動です。ワークシートで個別に旋律をつくるまでは同じ流れです。After ではグループで集まって，カトカトーンで旋律をつくります。現時点のカトカトーンは共有しての編集に対応していないので，１台の端末で作業することになります。グループの人数は多くて３人が良いでしょう。

できた旋律は実際に演奏して発表させます。発表とは別にＭＰ３ファイルにして提出させるのも良いでしょう。できた旋律は楽譜（ＰＤＦ）にして印刷しましょう。

｜After｜ 指導案

指導内容

導入	・めあてを確認する。 ・音階をリコーダーで吹いてみる。
展開	・ワークシートを使って音の上がり下がりを試しながら旋律をつくる。 ・**グループでカトカトーンを使って８小節の旋律をつくる。** ・**再生して**聞きながら手なおしをする。
終末	・発表する。 ・振り返る。

01 グループで旋律をつくる

　Webブラウザでカトカトーンを開き，新しい音楽をつくるをクリックします。その他の楽器を選択して，「56　琴」を選択し，この音に決めるをクリックします。最初は4小節しかないので「＋」をクリックして8小節に増やしてから，ワークシートを見ながら旋律を入力していきます。入力が終わったら再生して曲を確認し，話し合いながら手直しをしていきます。気に入った曲ができたら，実際にリコーダーで演奏できるように練習させ，発表させます。発表時間までにリコーダー演奏の準備が整わなかったら，カトカトーンを再生して発表させましょう。授業の主たるねらいが「旋律をつくる」ことであれば，楽器での演奏は必須ではありません。

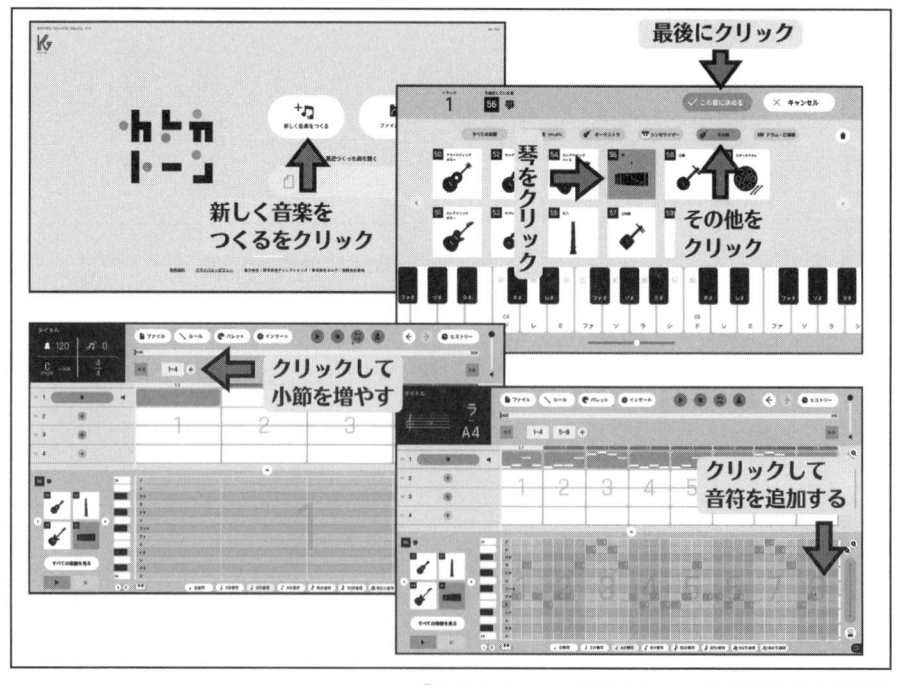

「カトカトーン（R）」（C）2024株式会社 教育芸術社

02 できた旋律を提出させる

　ファイルをクリックして曲にタイトルを付けさせます。凝ったタイトルを付ける必要はないので，日付とグループメンバーがわかるようなタイトルを付けさせましょう。ファイルをクリックして保存をクリックするとカトカトーン独自の形式でファイルがダウンロードされます。Google Classroom や Teams，共有ドライブやフォームで提出させましょう。同じ画面から，音声ファイル（MP3）や楽譜（PDF）などで保存することもできます。

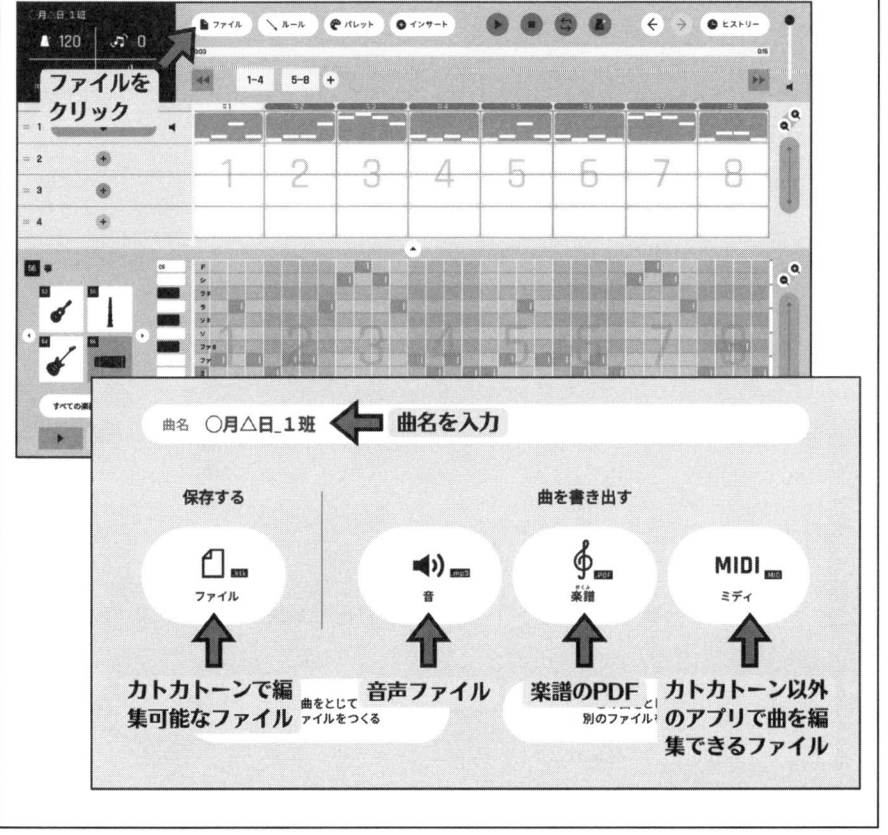

Pattern11　音楽の作成

─── **2** 年　算数 ───

九九の歌づくり

7 の段のオリジナルソングをつくって繰り返し歌う

─── 活用ツール ▶ Suno／生成AI（ChatGPT,Gemini,Canva など） ───

> **ねらい**
>
> ・7 の段の九九を構成し，唱え方を知り，練習する。

─────── **Before** 指導案 ───────

指導内容

導入

・題意をつかむ。
・めあてを設定し共有する。

展開

・数図ブロックを使って 7 × 1 から 7 × 3 までの答えを求める。
・7 × 4 の答えの求め方を説明する。
・7 × 5 から 7 × 9 までの答えを求める。
・7 の段の九九の唱え方を知らせ唱えさせる。

終末

・まとめる。
・7 の段の九九の練習をする。

　7の段の九九の唱え方を知らせ唱えさせたあとに，7の段の九九を音楽生成
ＡＩの Suno で音楽にします。

　暗記が苦手な子にとって，単調な文言を繰り返し唱えるのは苦行です。
YouTube などにも九九を覚えるための歌が公開されていますが，子供たちの目
の前で歌を生成してみせると，子供たちの興味を引き，覚えようとする意識が
高まります。

　「6の段はロック」「7の段はラップ」など，段ごとに音楽のジャンルを変え
ると，子供たちが思い出すときの手がかりになります。

After 指導案

指導内容

導入	・題意をつかむ。 ・めあてを設定し共有する。
展開	・数図ブロックを使って7×1から7×3までの答えを求める。 ・7×4の答えの求め方を説明する。 ・7×5から7×9までの答えを求める。 ・7の段の九九の唱え方を知らせ唱えさせる。
終末	・まとめる。 ・**生成ＡＩでつくった7の段の九九の歌を聞いて**練習をする。

01 7の段の歌をつくる

Web ブラウザで Suno（https://suno.com/）を開き，左サイドバーの Create をクリックして，Google や Microsoft など，お使いのアカウントを選択してサインインします。Custom をオンにして Lyrics に九九の唱え方をひらがなで入力します。漢字や数式をそのまま入力すると正しく歌ってくれないので注意が必要です。Style of Music に曲のジャンルやボーカルの性別などを入力し，タイトルを付けて Create をクリックすると曲を生成してくれます。1回につき2曲生成してくれるので子供たちに聞かせて選ばせるのも良いでしょう。

　曲ができたら曲のタイトルをクリックし，歌詞を表示します。歌詞の下の Edit Displayed Lyrics をクリックすると表示される歌詞を編集できるので，漢字を使ったり，数式にしたりと，実態に合わせて変更しましょう。

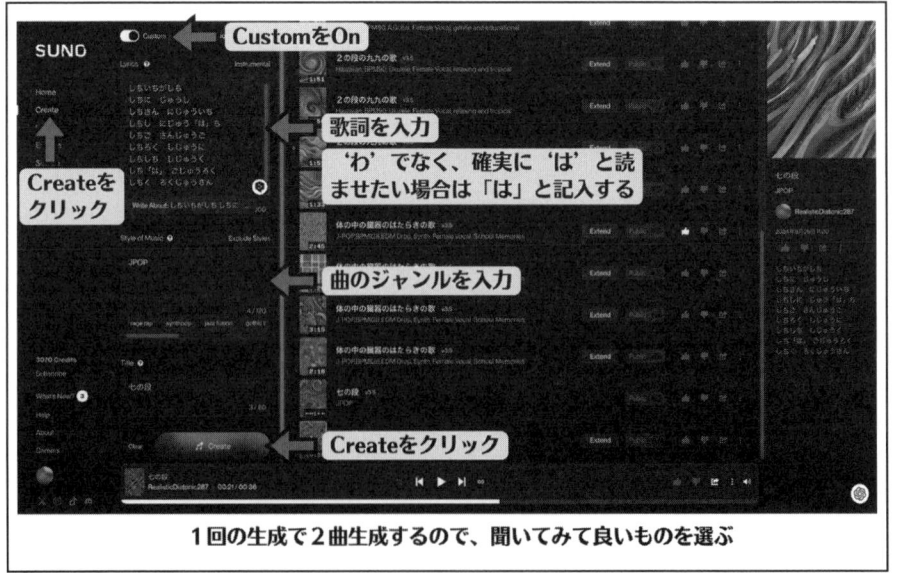

1回の生成で2曲生成するので、聞いてみて良いものを選ぶ

02 できた曲を配信する

　曲ができたら子供たちに聞かせて一緒に歌ってみましょう。繰り返し練習するためには，子供たちが何度も聞けるようにする必要があります。

　できた曲の右側にある矢印アイコン（Copy Song Link）をクリックすると公開リンクがコピーされるので，Google Classroom や Teams，学級のポータルサイトで配信して，子供たちがいつでも開けるようにしましょう。

　ＱＲコードにして配付したり，家庭連絡メールでリンクを送って家庭でも練習できるようにすると，さらに効果的です。

> Pattern11　音楽の作成

5年　算数

整数のまとめ

まとめと振り返りの文章から
オリジナルソングを生成する

活用ツール ▶ Suno／生成AI（ChatGPT,Gemini,Canva など）

ねらい

・公約数や最大公約数の意味を理解し，公約数や最大公約数について調べる。

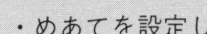

Before 指導案

指導内容

導入
・題意をつかむ。
・めあてを設定し共有する。

展開
・12の約数にも18の約数にもなっている数を見つけ，気づいたことをノートに書く。
・わかったことを話し合う。

終末
・まとめる。
・練習問題に取り組む。
・振り返る。
・他の問題に取り組む。

　授業のまとめと子供たちの振り返りの文章を生成ＡＩに読み込ませて歌詞を作成し，それを音楽生成ＡＩの Suno で音楽にします。この実践で子供たちが端末を操作する活動は，振り返りの記入だけです。子供たちが追加の練習問題に取り組んでいる間に教師が作業します。

　リズムと旋律に乗せることで書くだけ，読むだけよりも記憶が定着しやすくなります。操作に慣れてきて作業がスムーズになってきたら，生成した歌詞をすぐに音楽にせず，一度子供たちに提示して内容を吟味させ，必要に応じて修正すると良いでしょう。

| After | 指導案

	指導内容
導入	・題意をつかむ。 ・めあてを設定し共有する。
展開	・12の約数にも18の約数にもなっている数を見つけ，気づいたことをノートに書く。 ・わかったことを話し合う。
終末	・まとめる。 ・練習問題に取り組む。 ・振り返る。 ・他の問題に取り組む。（**生成ＡＩで歌詞を生成し，Suno で曲を生成する**） ・**授業の終わりにみんなで聞いてみる。**

01 まとめと振り返りをコピーして歌詞を生成する

　授業のまとめと子供たちがフォームや Canva に書いた振り返りをコピーして生成ＡＩに貼り付けます。子供たちの名前などの個人情報を含まないように注意しましょう。以下を参考にプロンプトを入力して生成します。歌詞が生成されたら子供たちに提示して，内容を吟味させ手なおしさせましょう。

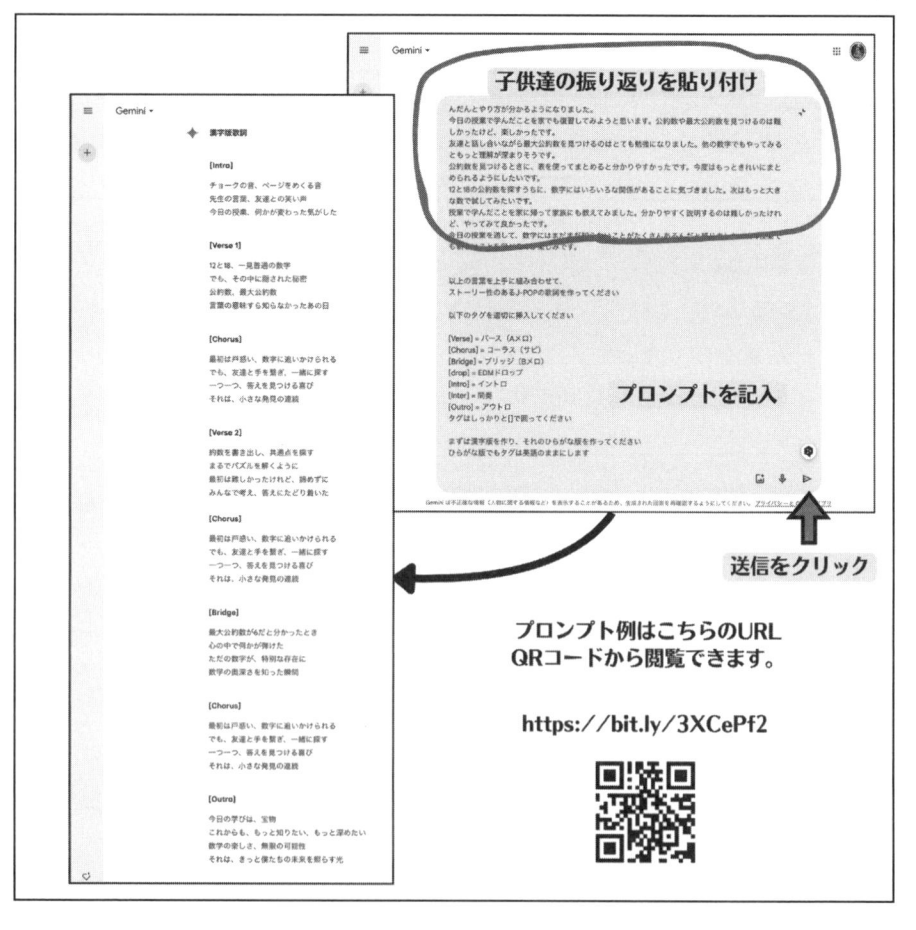

02 Suno で曲をつくる

　P132での解説と同様，Web ブラウザで Suno（https://suno.com/）を開き，左サイドバーの Create をクリックして，Google や Microsoft など，お使いのアカウントを選択してサインインします。Custom をオンにして Lyrics に生成された歌詞を貼り付けます。Style of Music に曲のジャンルを入力，タイトルを入力してから Create をクリックすると生成が始まります。1回につき2曲生成されるので，子供たちに聞かせて選ばせると良いでしょう。生成された曲は1度聞いて終わりではなく，Google Classroom や学級ポータルサイトに貼り付けて，子供たちがいつでも聞けるようにしておくと，復習に活用できます。

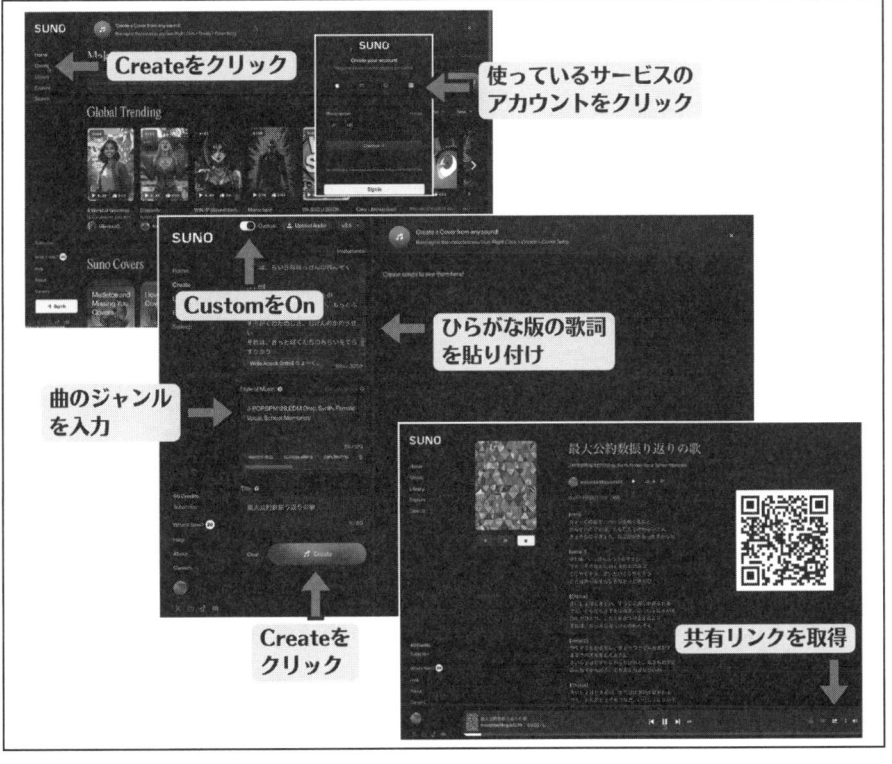

生成ＡＩの活用

活用ツール ▶ ChatGPT／Gemini 他

01 生成ＡＩの授業での活用

　2022年11月に OpenAI 社が対話型生成ＡＩの ChatGPT を公開して以降，校務や授業でも生成ＡＩを活用する事例が増えています。文部科学省のガイドラインにもあるように，現状では小学生の子供たちが生成ＡＩを直接操作する機会は限られています。中学生以上では千葉県の飯山満中学校のように活用している事例もありますが，まだ限定的です。生成ＡＩの活用において重要なポイントの1つは，生成ＡＩは平気で間違った情報を提供する可能性があること，いわゆる「ハルシネーション」を子供たちに理解させることです。例えば，私自身の名前をＡＩに検索させた際，ＡＩは全く関係のない政治家や歴史上の人物に関する情報を生成してしまいました。このような具体的な事例を子供たちに見せることで，**生成ＡＩが出した結果を鵜呑みにせず，批判的な思考で検証する態度を養う**ことができます。

02 思考の呼び水的活用

　例えば，「世界に誇れる青森県の良さ」を子供たちに列挙させると「リンゴ」や「ネブタ」といった定番の答えが出てきます。ＡＩに同じ質問を投げかけると，それ以外の様々な視点で良さが提示されます。提示されたものを分類・整理することで，子供たちの中に新たな視点が生まれ，気づかなかった良さを見つけるようになります。このように，ＡＩを使って思考の出発点を提供することで，ゼロから考え始めるよりも，より多くのアイデアを自分

たちで考え出せるようになります。

03 思考のサンドバッグ的活用

　友達の意見に対して疑問や反論があっても，人間関係に悪い影響が出ることを心配して，自分の考えを言いにくい場合があります。しかし生成ＡＩが出した考えに対しては，友達に対するのとは異なり，気兼ねなく反論や批判をすることができます。特に，道徳の授業などで議論が停滞しがちな場合，ＡＩが提示する対立の意見を基に議論を進めることで，比較的短時間で深い議論が可能になります。これにより，批判的思考を養い，友人関係や人間関係に影響されずに意見を述べる練習ができます。

04 思考の壁打ち的活用

　子供たちが直接生成ＡＩとやり取りできる場合は，生成ＡＩとチャットすることで思考の壁打ちで考えを深めさせることができます。教師がすべての子供たちに逐次個別のフィードバックを提供することは現実的に難しいですが，生成ＡＩは即座に応答を返してくれるため，子供たちの思考サイクルを迅速に回すことができます。

05 個別最適化へのシフト

　生成ＡＩの授業での活用は，まだ始まったばかりです。このテクノロジーを効果的に使うことで，個別に最適化された学習環境の整備に繋がっていきます。生成ＡＩを必要以上に恐れず，しかし過信せずに活用を進めていきましょう。

Pattern12　生成ＡＩの活用

4年　社会

立佞武多の秘密を探ろう
<small>たち　ね　ぷ　た</small>

意見や考え・振り返りをＡＩで整理する

活用ツール ▶ Canva／Suno

目標

・立佞武多の歴史や文化，祭りに関わる人々の仕事などを調べ，青森県の伝統と文化，産業との関わりについて理解する。
・立佞武多が地域社会に与える影響や人々の思いを多角的に考察し，伝統的な文化が地域社会に果たす役割について考える。
・立佞武多の魅力や課題について考え，伝統文化を未来へ繋いでいくために自分たちにできることを考え，行動する態度を育む。

単元計画

時	主な学習活動
1	・立佞武多の写真を見て，気づいたことを出し合う。 ・立佞武多について調べたいことを発表し合い，学習問題を設定する。
2 3	・グループに別れて立佞武多について調べて自分たちの考えをまとめる。 ・中間発表を行い，新たな疑問や問題を見つける。 ・調べたことを発表する動画を撮影する。
4	・まとめた内容を発表し，お互いに学び合う。 ・立佞武多を未来に繋いでいくために，自分ができることを考え文章にまとめる。

指導内容	
導入	・立佞武多の写真を見て，気づいたことを出し合う。 ・めあてを確認する。 「立佞武多について調べたいことを出し合って，学習問題をつくろう」
展開	・調べたいことを付箋に書き出す。 ・付箋を分類する。 ・分類したあとに調べたいことを追加する。
終末	・学習問題をつくる。 ・調べるテーマを決める。 ・振り返る。

実践の詳細（１時間目）

01 導入

　まずは子供たちに Google Classroom を開かせて，その日の授業の流れを確認します。全員に共有している Canva のデザインを開かせ，１ページ目に立佞武多の写真を挿入し，子供たちに「何の祭りか？どのようなことを知っているのか？」を自由に発表させます。

　Canva のデザインにテキストボックスを挿入し，教師用の端末で音声入力をしてめあてを入力します。音声入力が上手くいかず，誤字や脱字がある

場合は児童の社会科係が自分の端末からそれを修正します。

　私の授業では，ほとんど黒板を使いません。ホワイトボードアプリのファイルを共有して子供たち全員に開かせると，教師が記入したことがリアルタイムで子供たちの画面にも反映されます。

02 展開

　1ページ目をホワイトボードモードに展開して作業領域を広くしてから，子供たちの人数分の付箋を挿入し，立佞武多について調べたいことやもっと知りたいことを書き出させます。このとき，1枚の付箋に1つのことを書くように指導します。

　書き出しが終わったら，付箋をすべて選択して，CanvaのAI機能で内容に応じて付箋を並べ替えます。AIの提示した分類が，これで良いか子供たちに話し合わせ，分類しなおしたり，新たなカテゴリを追加したりします。

　ここで子供たちに追加したい付箋がないか問いかけ，短い時間で調べたいことを追加させます。

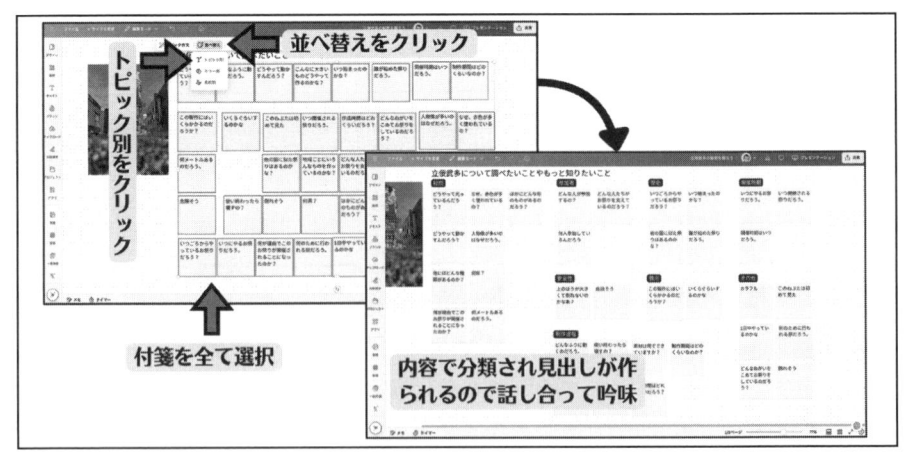

03 終末

　再び付箋をすべて選択してコピーし，Canva の生成ＡＩ「マジック作文」
を起動して，コピーした内容を貼り付けます。プロンプトを追加して，学習
問題を３パターンつくらせ，子供たちに話し合わせ，１つに絞り込ませます。
１つに絞り込んだあとにさらに文章を吟味させて学習問題をつくります。
　その後，調べる担当を決めて，振り返りを記入させます。

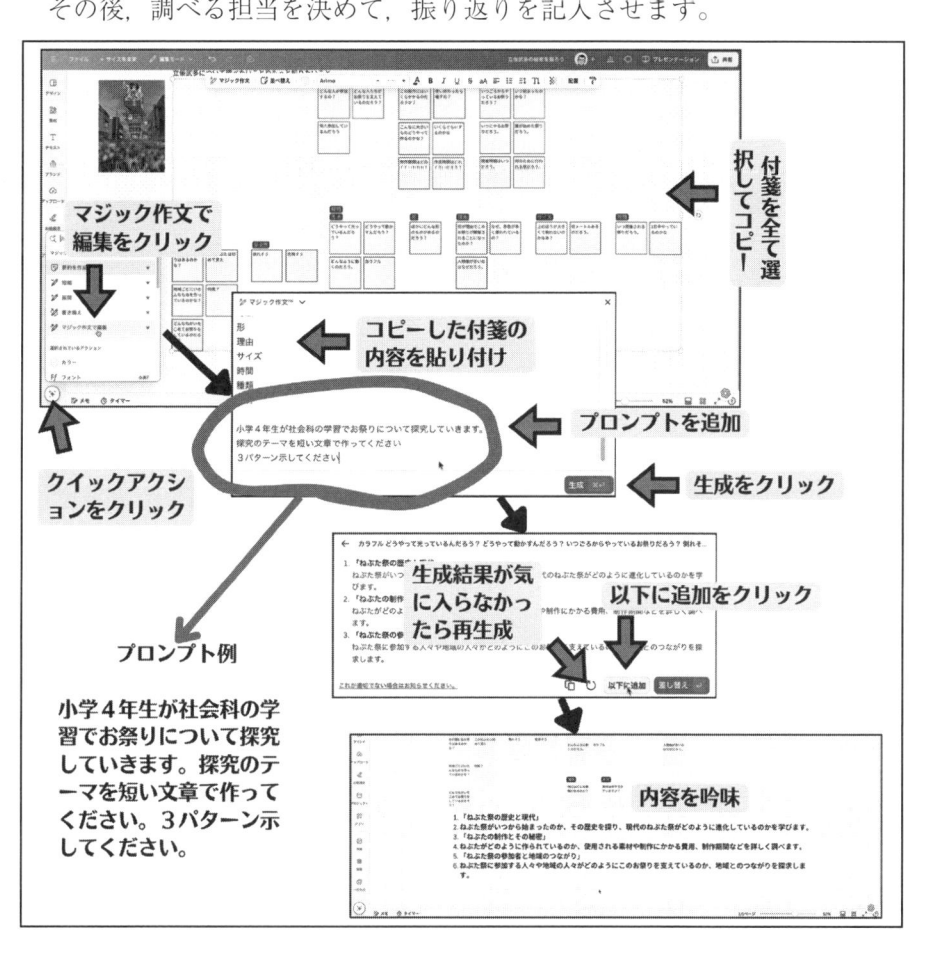

指導内容	
導入	・調べるテーマを確認する。（2時間目） ・現在の進捗を確認する。（3時間目）
展開	・グループ別にテーマについて調べる。
終末	・途中経過報告会を行う。（2時間目） ・最終発表動画を撮影する。（3時間目） ・振り返る。

実践の詳細（2，3時間目）

01 導入

　Canvaのデザインを開き，グループごとに調べるテーマや進捗状況を確認し，この時間で何をするのかを明らかにします。2時間目は，途中経過発表会の開始時刻を決めて，それに合わせてCanvaのタイマーをセットします。

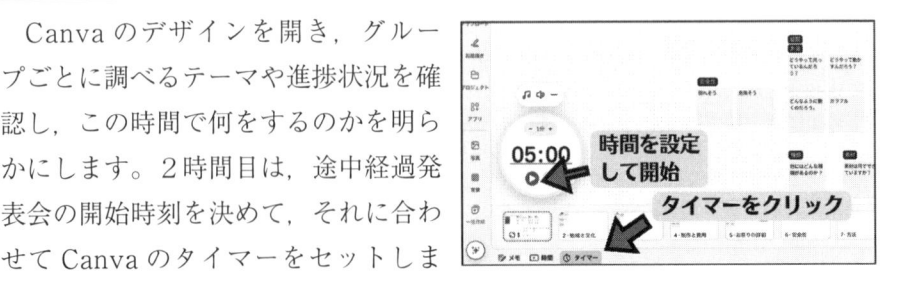

02 展開

　グループごとにテーマについて調べて，Canva にまとめていきます。基本的に教室で作業しますが，図書室の本で調べたり，静かな部屋で動画を撮影したりするなど，他の部屋に移動するときは，カメラオン，マイクオフでGoogle Meet に接続していつでも連絡が取れるようにします。

03 終末

　２時間目は，設定した時刻になったら途中経過報告会を行い，グループ相互にアドバイスや疑問を交換し，振り返りを記入します。

　３時間目は，最終発表動画を撮影します。動画は画面収録，実際に発表をしている様子をカメラで録画のどちらでも良いこととします。10分前には一旦振り返りを記入して，残った時間はそのまま撮影を続けさせます。撮影した動画は Canva のデザインの１ページ目にアップロードさせておきます。

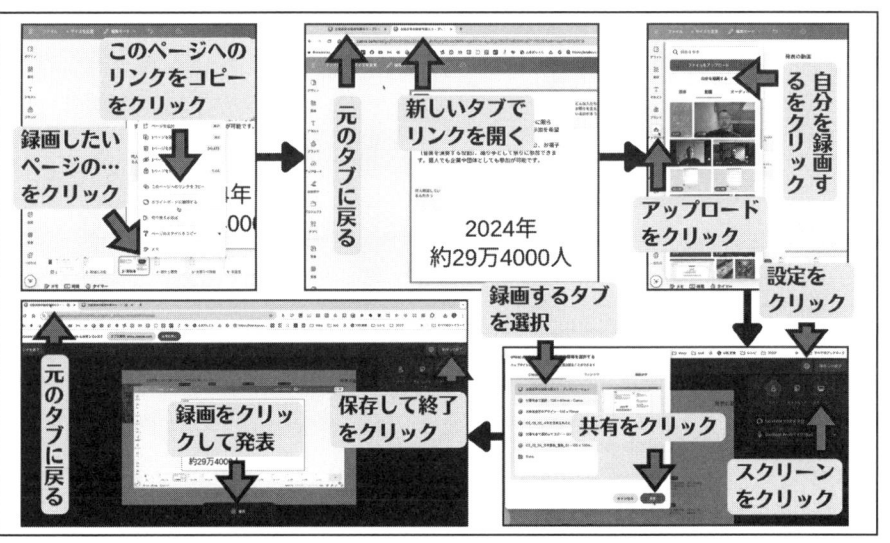

4時間目指導案

	指導内容
導入	・めあてを確認する。 ・手順を確認する。
展開	・グループでまとまって各グループの動画を視聴し，感想をコメントする。 ・全体で視聴した感想をシェアする。 ・立佞武多を未来に繋いでいくために，自分ができることを考えて付箋に記入する。
終末	・全体のまとめをする。 ・全体の振り返りをする。

実践の詳細（4時間目）

01 導入

　動画がアップロードされているのを確認したあと，授業の流れを確認します。学習のめあてを共有し，立佞武多を未来に繋いでいくために，自分ができることはなんなのかを考えながら他のグループの動画を視聴するように伝えます。

02 展開

　グループごとに集まって，他のグループの発表動画を視聴し，その場で意見交換を行い，自分の感想を動画にコメントします。

　グループごとの視聴が終わったら全体での感想発表を行い，Canva の付箋に「立佞武多を未来に繋いでいくために，自分ができること」を考え記入します。

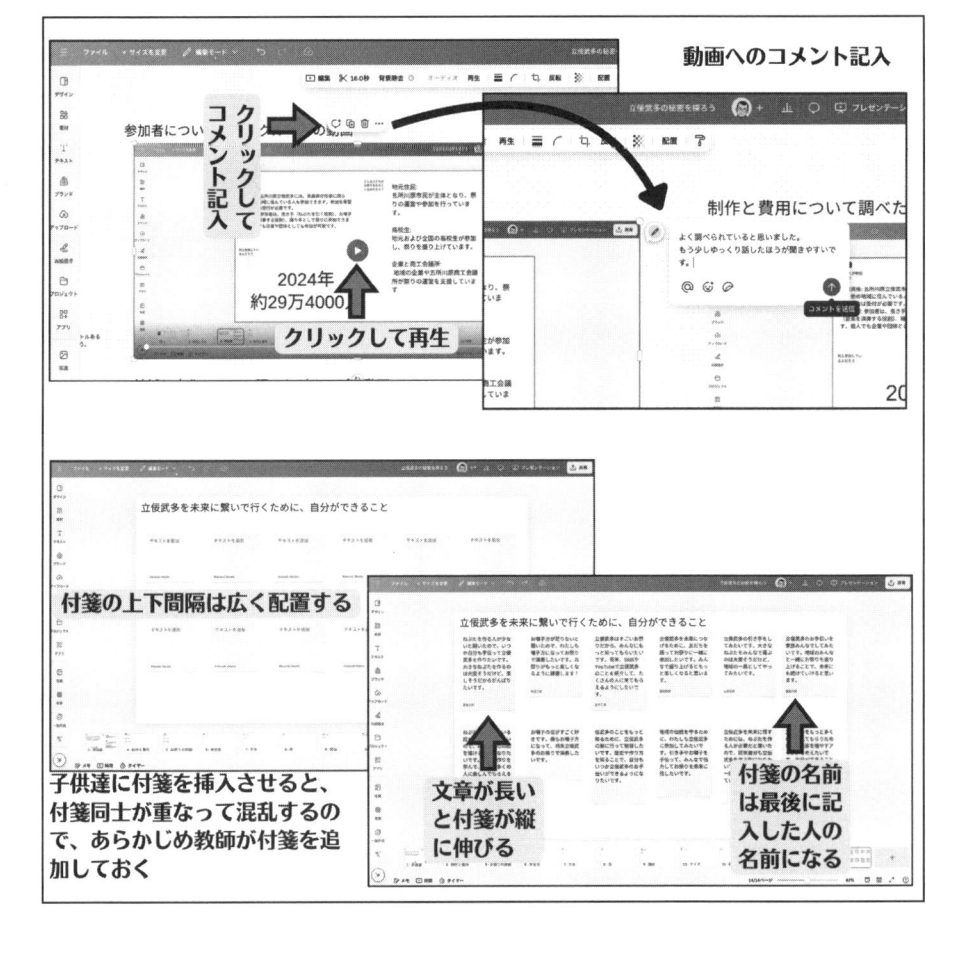

03 終末

　付箋をコピーして，Canva の生成ＡＩ「マジック作文」に貼り付け，全体のまとめを３つ生成させます。子供たちに，どれが今回の授業のまとめに一番近いかを選ばせ，１つに絞ります。１つに絞った文をさらに吟味して，言葉を足したり引いたりして自分たちのまとめに仕上げさせます。

　その間に「マジック作文」で子供たちの付箋から歌詞を生成し，Suno で音楽ファイルを生成します。最後にみんなでその曲を聴きながら，単元全体の振り返りを記入します。

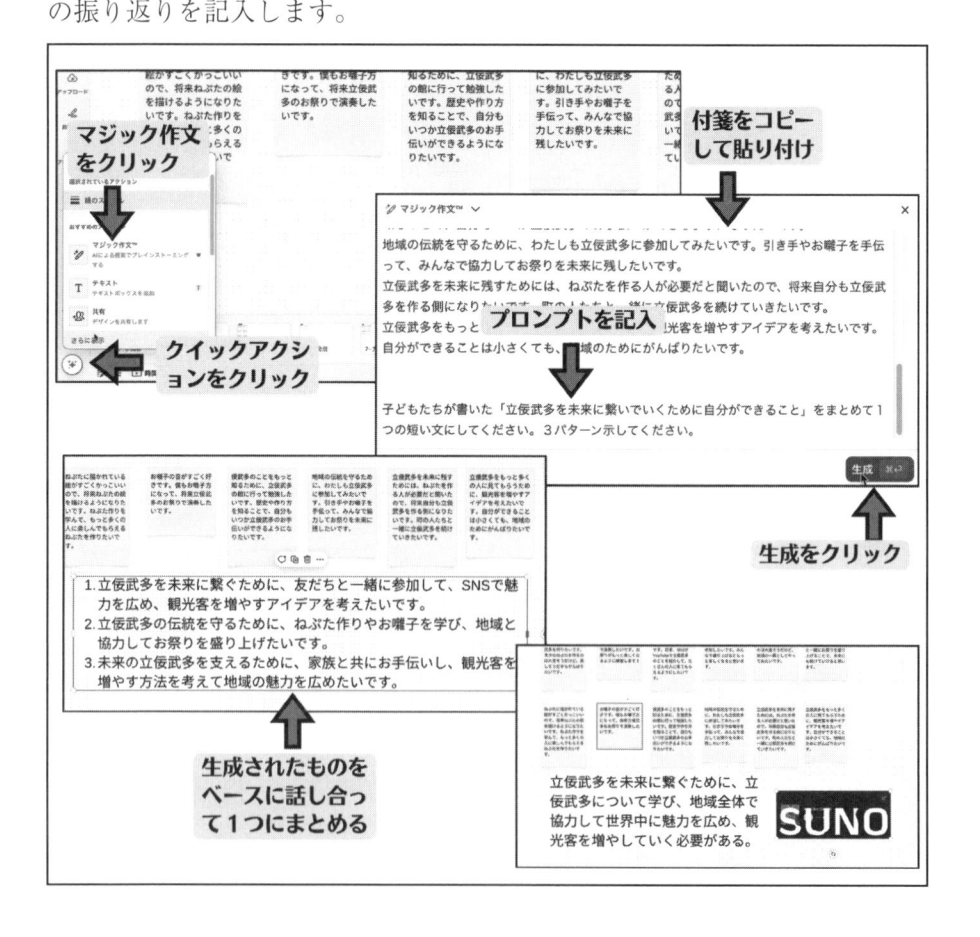

低学年の導入初期に役立つ小技

　低学年のクラスや，これまであまりＩＣＴを活用してこなかった学級で端末やアプリの使い方を一斉指導で全員を同じペースで進める際，ぜひ試していただきたい小技が，「子どもたちにタスクが終わったら立つように指示する」ことです。

　まず，教師が教室全体の進捗状況をひと目で把握できるようになります。さらに，立たせることで端末から手を離させる効果があり，不要な操作が原因となるトラブルやミスを防ぐこともできます。

　次に，「立っている人は座っている人の近くに行き，困っているようであればアドバイスをしましょう」という指示を追加します。このようにすることで，自然に助け合いの環境が生まれます。支援が必要な子どもには優しく声をかけ，具体的な手助けをする一方で，特に問題がない場合は静かに見守るというバランスが重要です。このプロセスを通じて，教室内には子どもたち同士が協力し合う文化が育まれていきます。

　この方法のもう１つの利点は，早くタスクを終えた子どもたちが退屈してしまうのを防げることです。早く終わった子どもたちは，ただ待つのではなく，他の子をサポートするという役割を与えられることで，学びの一環としてクラスに貢献できる喜びを味わえます。同時に，教師自身も，全員を個別に確認する負担が軽減され，特に困っている子どもたちへのサポートに時間とエネルギーを集中させることが可能になります。

　ＩＣＴ導入初期の段階で助け合いの姿勢が根づくと，子どもたちはその他の学習でも自主的に協力する習慣をもつようになります。

　こうした小技を取り入れることで，子どもたちの自立心や協力意識を高めながら，教師自身の負担を減らすことができます。ぜひ，この方法を試してみてください。

6 年　理科

てこのしくみとはたらき

生成ＡＩが応答するフォームで
思考の壁打ちをする

活用ツール ▶ Google フォーム／Gemini

ねらい

・支点から力点や作用点までの距離を変えると，手応えはどうなるかを
　調べて，わかったことをまとめることができる。

Before 指導案

指導内容

導入
・めあてを確認する。
・前時に立てた予想を確認する。
・実験の手順を確認する。

展開
・支点から力点までの距離を変えて手応えの違いを調べる。
・支点から作用点までの距離を変えて手応えの違いを調べる。
・実験の結果からどのようなことが言えるか考える。

終末
・まとめる。
・振り返る。

Before では実験の結果を受けて，実験結果のまとめを個人で考えてからペアやグループで話し合います。

After では，生成ＡＩがまとめの内容を，教師が設定したルーブリックに照らし合わせて判断し，アドバイスメールを送ってくれるフォームを使っています。

また，振り返りも，生成ＡＩが返事のコメントを返してくれるフォームを使います。

生成ＡＩを直接子供たちに操作させることは行いません。

After 指導案

指導内容
導入   ・めあてを確認する。 ・前時に立てた予想を確認する。 ・実験の手順を確認する。
展開   ・支点から力点までの距離を変えて手応えの違いを調べる。 ・支点から作用点までの距離を変えて手応えの違いを調べる。 ・実験の結果からどのようなことが言えるか考えて**ＡＩ返答フォームに入力してアドバイスを受ける。**
終末   ・まとめる。 ・**ＡＩ返答フォームで振り返る。**

01 生成ＡＩに子供たちのまとめをチェックさせる

　Web ブラウザで https://bit.ly/3XfHztO を開いて，自分のアカウントにフォーム付きのスプレッドシートをコピーします。「ＡＰＩキーはこちらで取得」のシートを開き，右ページの図を参考にして，Gemini のＡＰＩキーや，トリガーを設定します。設定が終わったらフォームを開き，適当な文章を送信して自分に返事が届くか確認します。実際に使用する際はプロンプトシートのＡ１セルに記載されているプロンプトを授業の内容に合わせて変更します。自分がイメージする返答が得られるまで何度も送信とプロンプト編集を繰り返しましょう。このフォームのメリットは，すぐにレスポンスを得られることを生かして，子供たちが思考の壁打ちができることです。まとめを練り上げていく過程はスプレッドシートに蓄積されるので，思考の変遷を見取ることもできます。最終的な評価はＡＩに任せず教師が行いましょう。

02 生成ＡＩに子供たちの振り返りにコメントさせる

　同じようなフォームで，子供たちの振り返りにコメントを返すこともできます。１人１台端末が整備されて以降，多くの学校，多くの授業でフォームなどに振り返りを記入する学校や学級が増えていますが，振り返りを記入させて蓄積しているだけで，放置されている例がほとんどです。私が有料版のChatGPT を使ってフェルミ推定したところ，少なく見積もっても日本全国で１億以上の振り返りが放置されています。

　生成ＡＩにコメントさせることに対して，批判の声も聞こえてきますが，すべての振り返りに対して教師がレスポンスすることは不可能です。だからといってすべてＡＩに任せることは単なる怠慢です。ＡＩにコメントさせながらも，ローテーションで教師も振り返りに反応するようにしましょう。

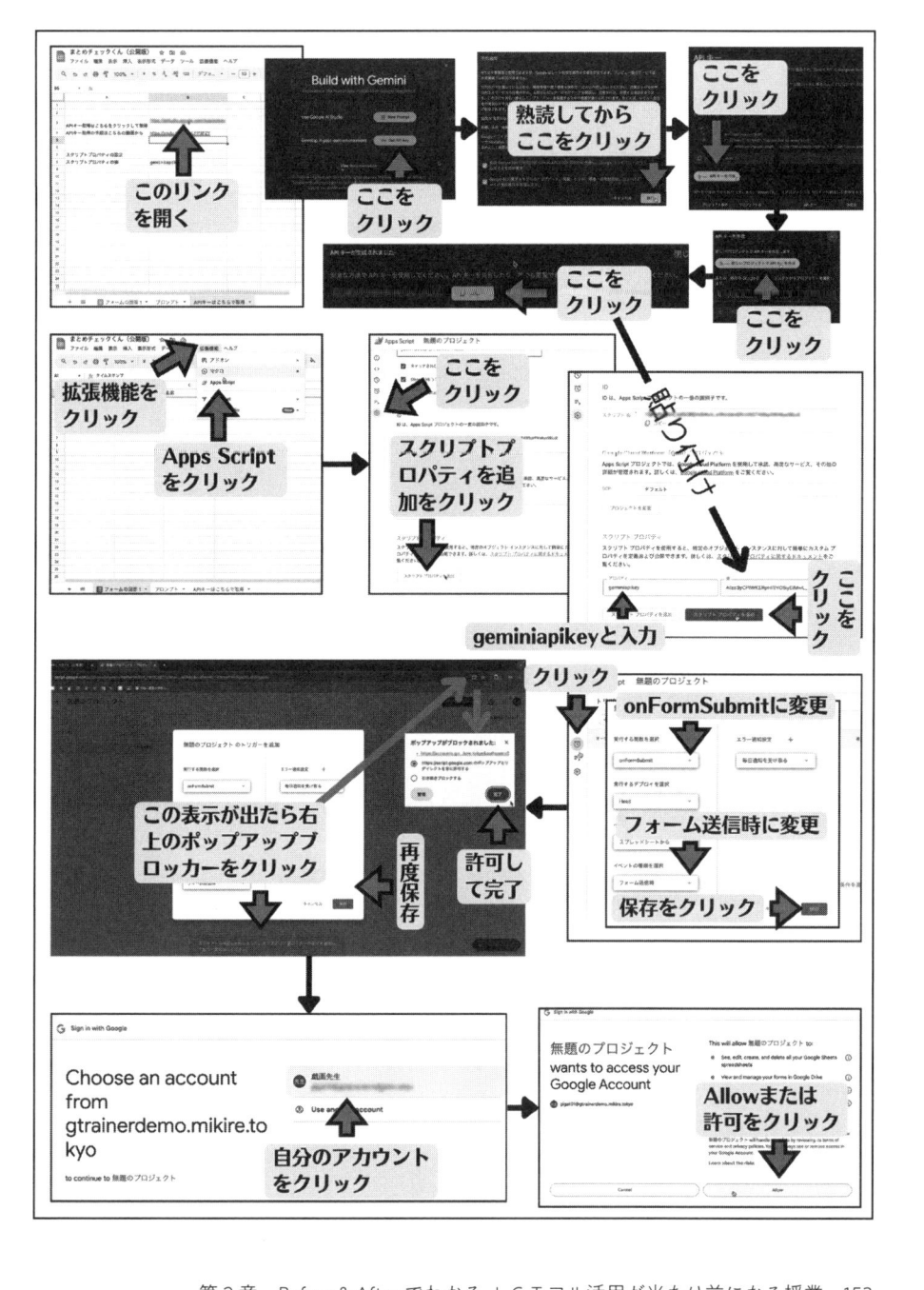

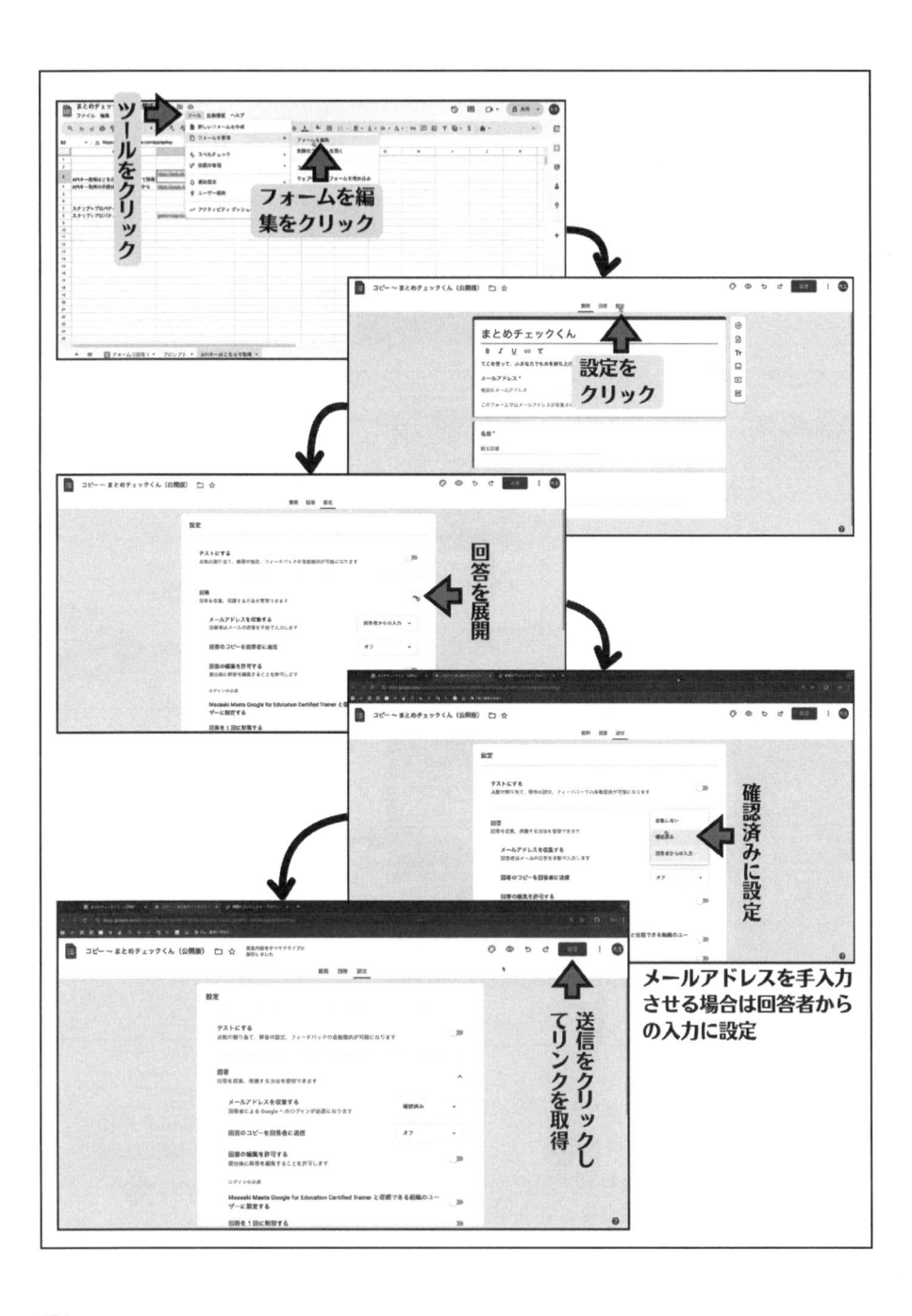

ツールをクリック

フォームを編集をクリック

設定をクリック

回答を展開

確認済みに設定

メールアドレスを手入力させる場合は回答者からの入力に設定

送信をクリックしてリンクを取得

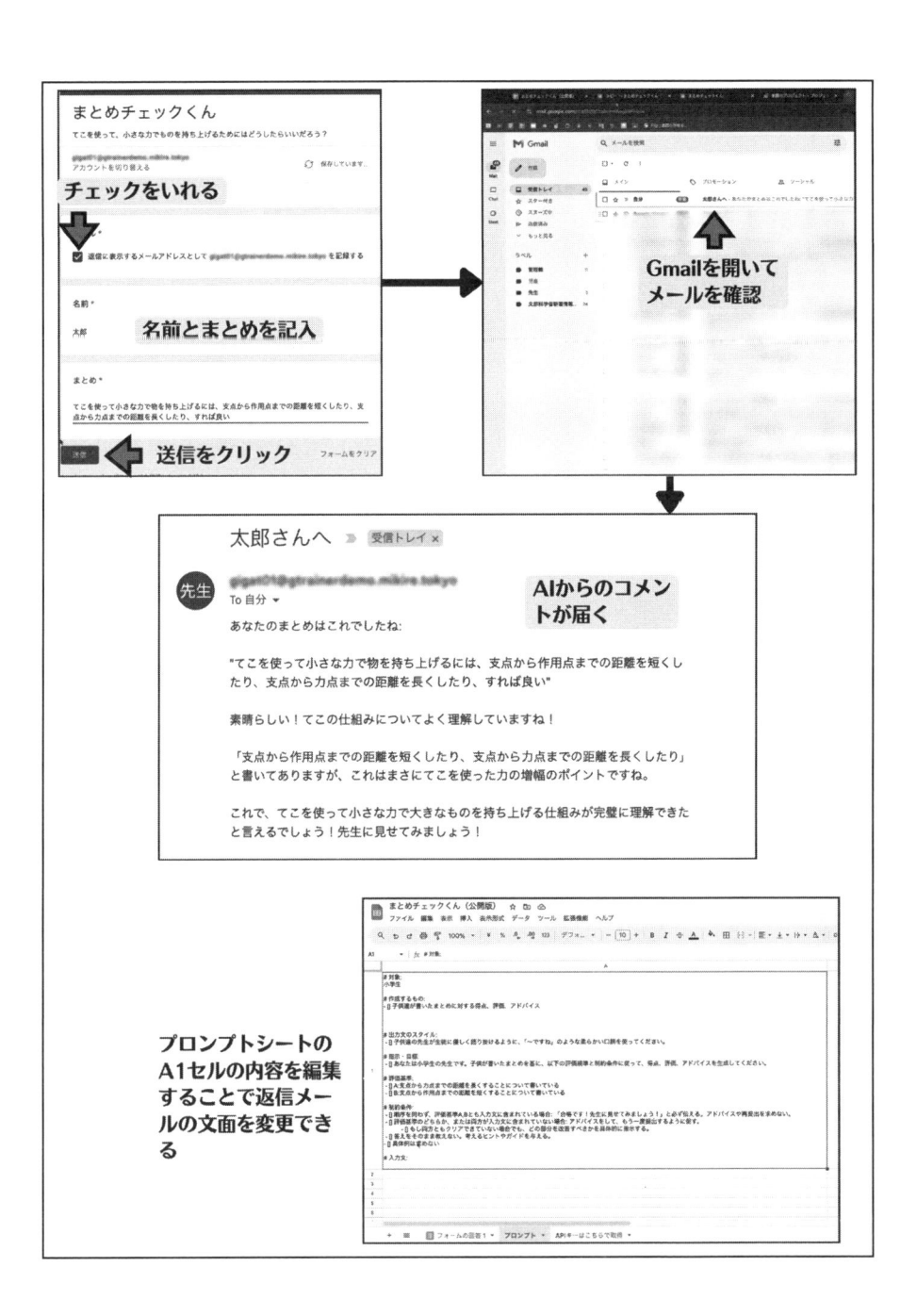

振り返りをデジタル化

活用ツール ▶ ふきだしくん／フォームアプリ／Padlet 他

01 フォームで振り返りを効率化する

　振り返りを行うことで，子供たちは授業で学んだ内容を整理し，自分の言葉で表現する機会を得られます。これにより，知識の定着が促進され，理解が深まります。また，自分の学習を客観的に見つめなおすことで，メタ認知力が向上し，自己調整学習を促進します。振り返りに Google フォームや Microsoft Forms を使えば，子供たちの振り返りをデジタルデータとして蓄積できます。これにより教師は全員の振り返りを簡単に把握できます。Ｑ Ｒコードやリンクを共有するだけで簡単にアクセスできるので，子供たちはすぐに振り返りを入力できます。フォームの設計を工夫すると，テキスト入力だけではなく，画像や動画，音声を使って振り返りを行うことも可能です。

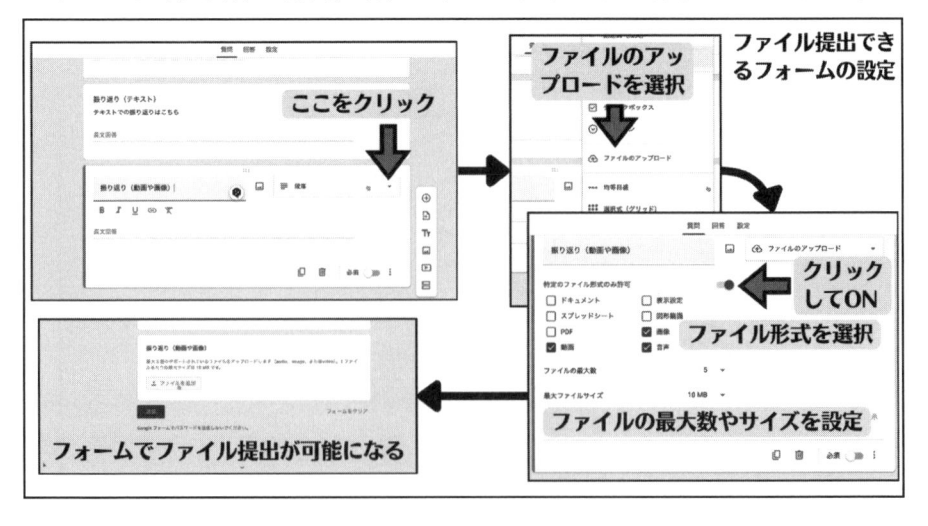

子供たちが記入した振り返りに目を通す必要がありますが，毎回すべてにコメントを返すことは現実的ではありません。フォームと生成ＡＩを組み合わせることで，子供たちがフォームを送信したら即時ＡＩにコメントを送信させることも可能です。子供たちに説明した上で上手に使いましょう。

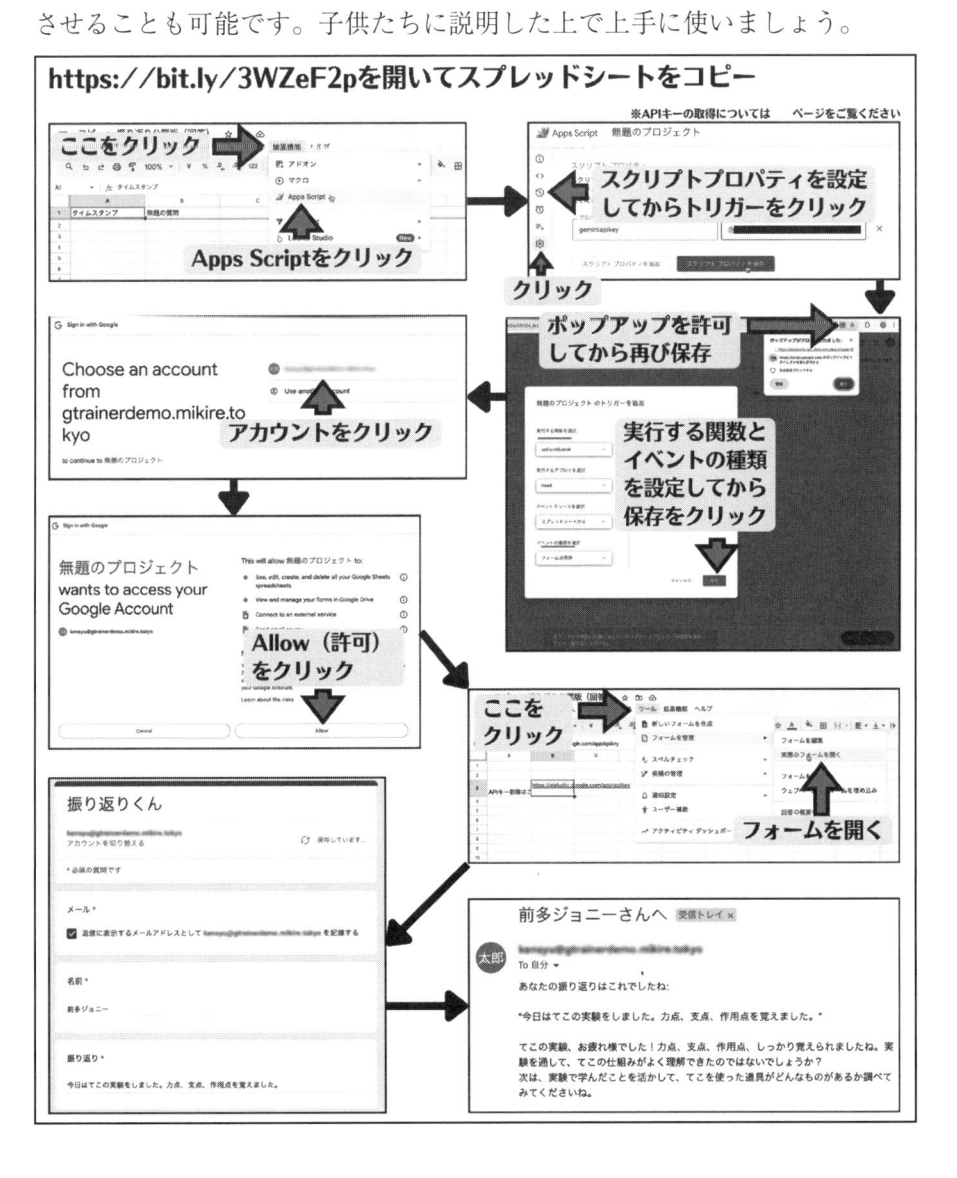

デジタルデータとして蓄積された振り返りは，いつでも自分で見返すことができるようにすることが重要です。ただ集めて終わりでは振り返りの効果が激減します。フォームで集めたデータは全員の書き込みが1枚の表に蓄積されるので閲覧性に問題があります。フィルタを設定したり，関数を利用したりして子供たちが閲覧しやすくすると良いでしょう。プライバシーに配慮して自分の書き込みだけを閲覧できるようにすることも可能です。

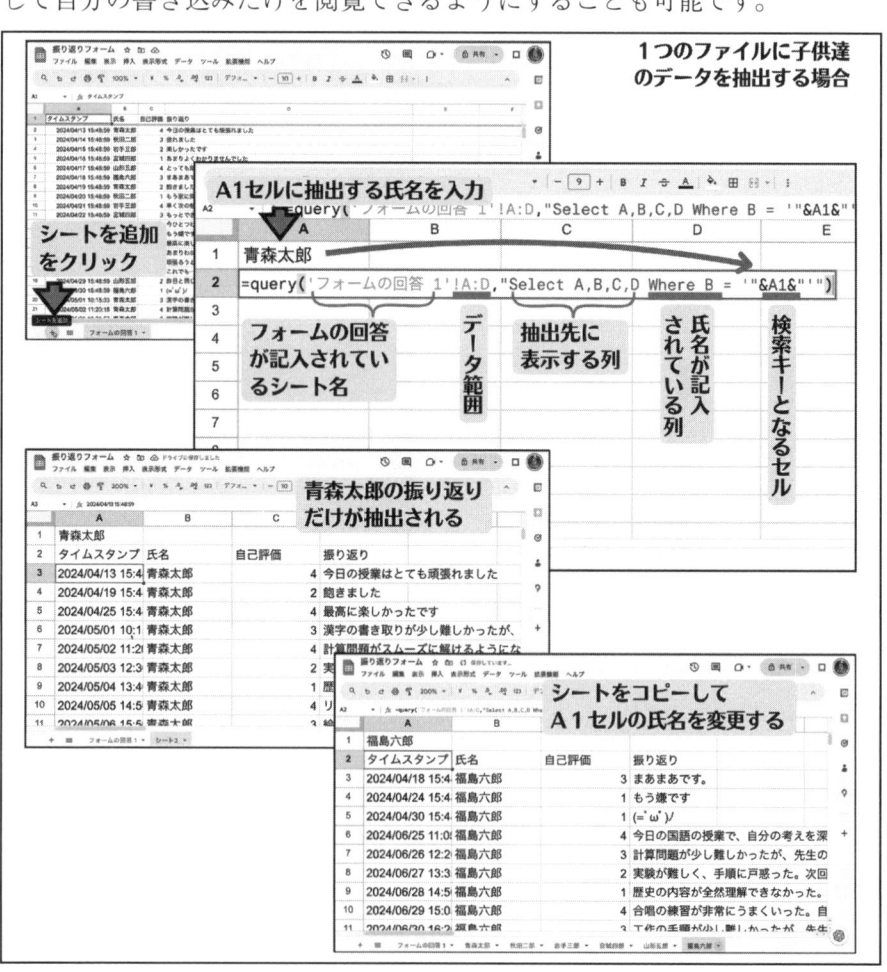

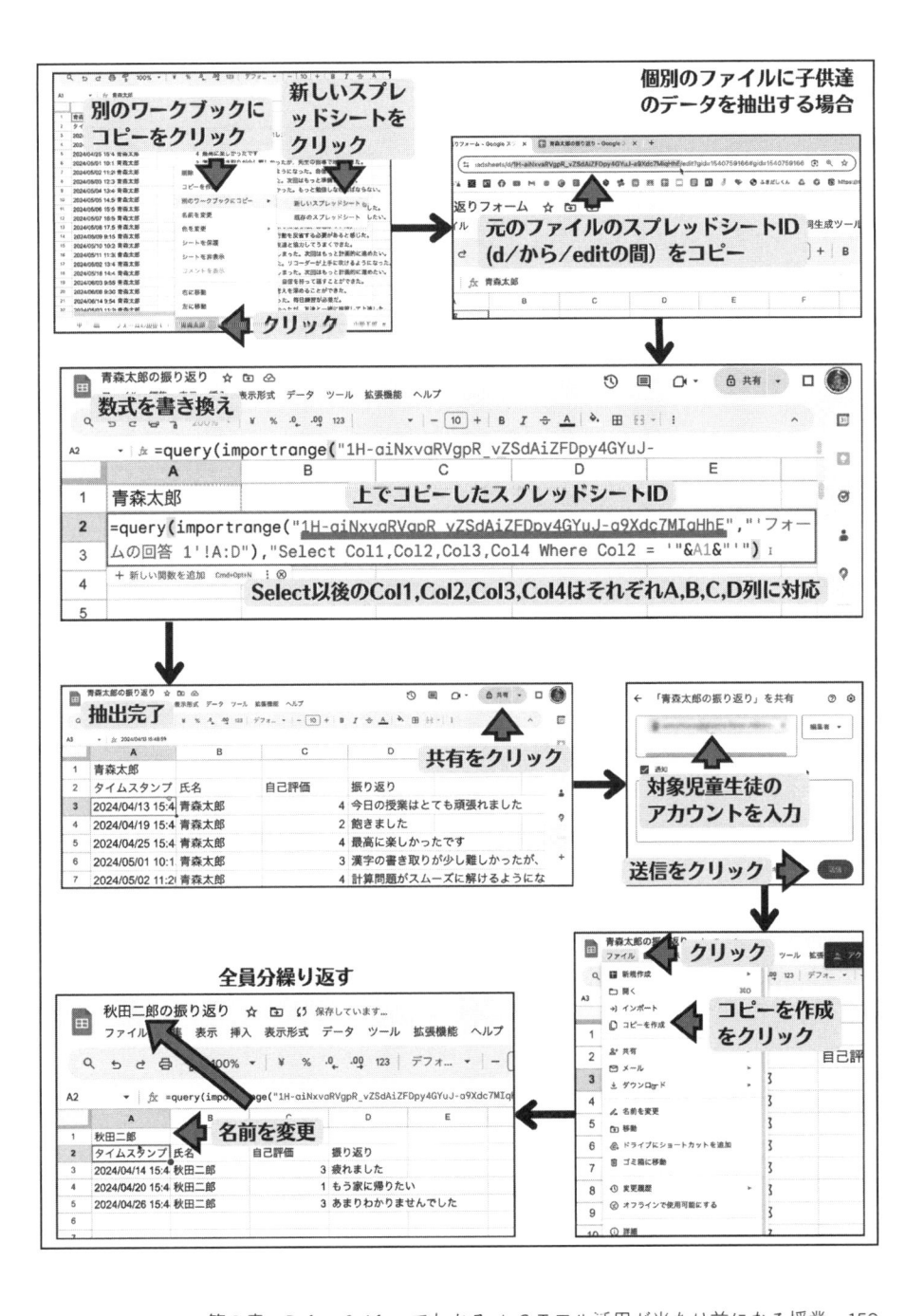

02 ふきだしくんでの振り返り

　テキスト入力のスキルに問題がなければ，簡単な振り返りは「ふきだしくん」を使うのがおすすめです。みんなに振り返りが表示されるようにも，他の人には見られないようにも設定できます。ただし，データを保存することはできないので，スクリーンショットを撮影するなどの工夫が必要です。保存した画像は Gemini や ChatGPT でテキストデータや表に変換できます。

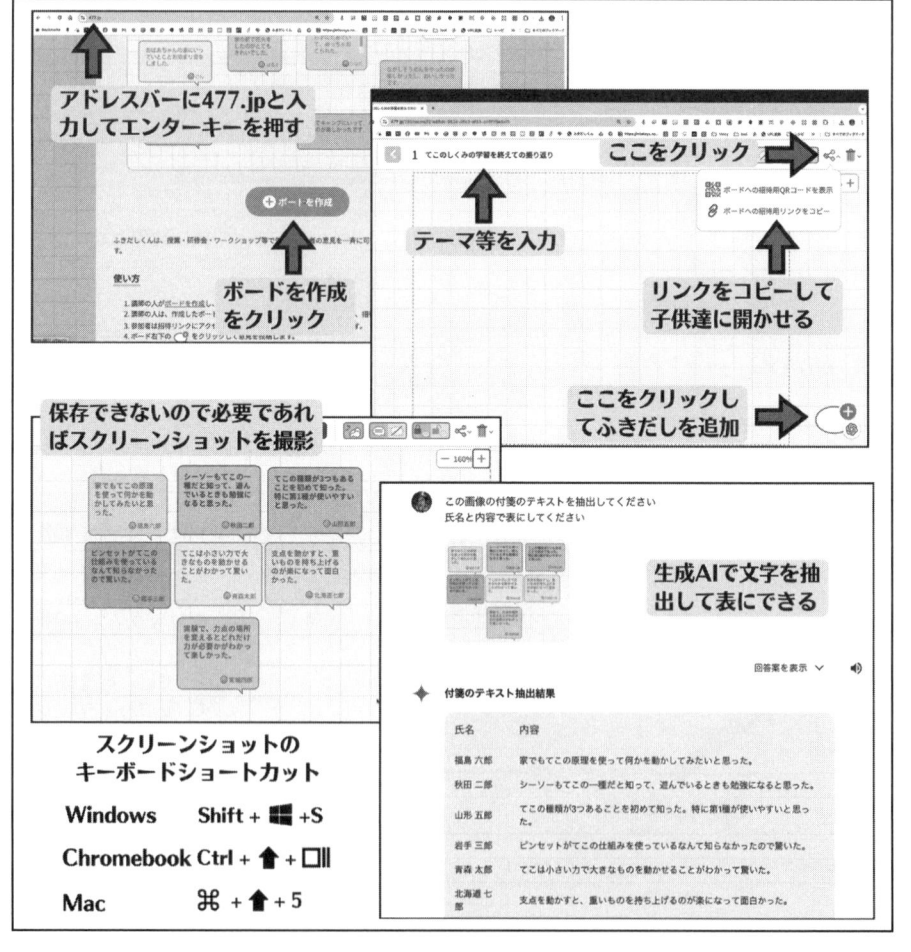

03 Padlet での振り返り

　Padlet での振り返りも効果的です。テキストだけではなく，音声，動画，手書き文字を撮影しての提出など，様々な方法で振り返りをさせることができます。また，送信依頼リンクを使うと，他の人には自分の振り返りが見えないような環境が簡単に構築できます。

　しかし，Padlet は無料で使用できるボードの数が以前より少なくなっているため，継続して使用するには定期的にPDFやCSVにエクスポートして，ボードを削除しながら使っていく必要があります。

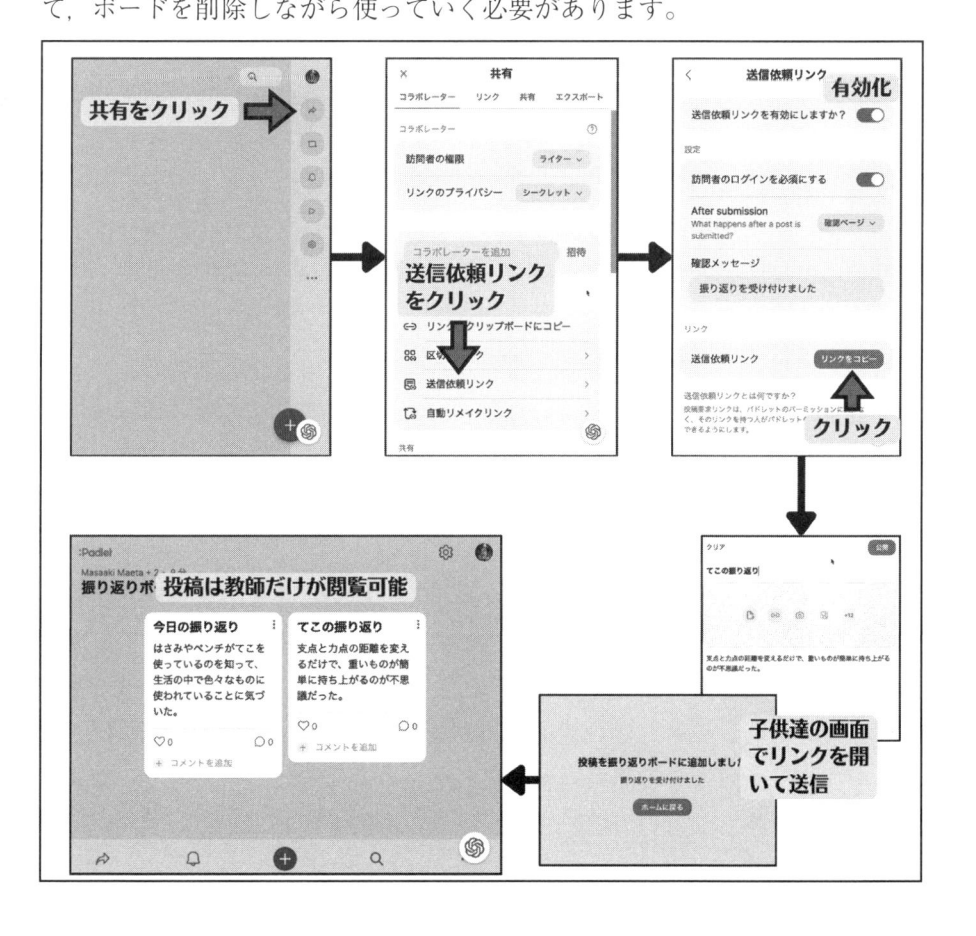

おわりに

　本書を手に取ってくださり，最後までお読みいただきましたこと，心より感謝申し上げます。

　本書では生成ＡＩを活用した事例についてもいくつか紹介しています。ＧＩＧＡスクール構想が始まった頃は，その数年後にこんなにもＡＩが発展している時代が来ているとは全く想像していませんでした。今では生成ＡＩがない業務や授業は考えられません。

　2022年末に初めて ChatGPT を使ったとき，私はその可能性に大きな衝撃を受けると同時に，「まだこんなものか」と感じたことを鮮明に覚えています。さっそく教室で子供たちの前で操作してみせ「前多昌顕とはどんな人ですか」との入力に「前多昌顕は日本の有名な政治家で，第◯代内閣総理大臣として…」と表示され，みんなで大爆笑したものです。

　しかし，その後，生成ＡＩを試していく中で，その進化と影響力を深く実感するようになりました。国語の授業でのオノマトペの創作や，道徳の授業での活用を通じて，生成ＡＩは単なるツールではなく，思考を深めるパートナーとして捉えるようになっていきました。

　特に印象的だったのは，生成ＡＩが提示した意見に対して子供たちが堂々と批判的な視点をもつようになったことです。友達同士では言いにくい反対意見も，ＡＩ相手なら安心して述べることができる。その過程で，彼らは自分の考えをもち，他者と建設的に議論する力を養っていきました。生成ＡＩとの対話が，子供たちの思考力や表現力を高めるための「サンドバッグ」のような役割を果たしているのです。

また，生成ＡＩを活用して子供たちの考えをまとめる際には，ＡＩが生成した「叩き台」を基に議論を深めることができました。不完全な提案やアイデアこそが，子供たちの創造性を刺激し，より優れた解決策を見つけるきっかけとなっています。生成ＡＩが出す答えは完璧ではありませんが，その不完全さが学びの起点となり，子供たちの主体的な学習を促進しています。

　これらの経験から，私は「生成してからがスタート」であると確信しています。ビジネスの世界では，完璧な答えを求めることが多いかもしれませんが，教育の現場では過程こそが重要です。生成ＡＩが出す50点，60点の答えを基に，子どもたちが議論し，考え，100点に近づけていく。そのプロセスが，彼らの成長にとって何よりも大切なのです。

　しかし，現実には生成ＡＩの活用に対して懸念の声もあります。読書感想文やレポートにＡＩを使うことで，学習の質が低下するのではないかという批判もあります。しかし，私はこの新しい時代において，旧来のやり方をそのまま続けるほうが問題であると考えています。テクノロジーが進化した現代に合わせて，教育の方法や評価基準も変えていく必要があります。生成ＡＩを排除するのではなく，その特性を理解し，効果的に活用することで，より深い学びを実現できるのです。

　技術の進歩は止めることができません。だからこそ，私たち教育者が先頭に立って新しいテクノロジーを取り入れ，その利点と課題を理解し，子供たちとともに学んでいく必要があります。生成ＡＩを上手に使い，授業や業務を効率化し，より多くの時間を生み出すことで，令和の日本型教育を築いていきましょう。

　2025年は昭和に換算するとちょうど「昭和100年」にあたります。ここで一度立ち止まり問いかけたいと思います。「昭和100年の授業でいいのか？」

と。私たちは昭和の価値観や方法にとらわれることなく，新しい時代にふさわしい「令和の授業」を目指していかなければなりません。みんなで令和の授業を目指しましょう！

　もしタイムマシンが実現し，江戸時代の人々が現代に訪れたとしたら，彼らの価値観をそのまま受け入れることは難しいでしょう。同様に，私たちが昭和の価値観を子供たちに押し付けることが，彼らの未来にとって本当にプラスになるのか，一度立ち止まって考える必要があります。子供たちは，私たちが想像する以上のスピードで変化し，成長しています。その未来に橋をかけるために，私たち大人ができることは何かを常に問い続けなければなりません。

　最後に，子供たちの純粋な疑問や興味が，私たち大人にとっても新たな発見や学びに繋がることを日々実感しています。彼らの未来を支えるために，私たち一人ひとりができることを考え，行動していきたいと思います。

　この本が，皆さんの教育実践や日々の生活において，新たな視点やアイデアをもたらす一助となれば幸いです。ともに変化を恐れず，テクノロジーを味方につけ，これからの教育を創造していきましょう。

　未来を担う子供たちのために，そして私たち自身の成長のために。

2024年12月

前多昌顕

索 引

【著者紹介】

前多　昌顕（まえた　まさあき）
青森県プログラミング教育研究会発起人で事務局長
マイクロソフト認定教育イノベーターエキスパート（MIEE）
2018-2024，マイクロソフトイノベーティブエデュケーターフ
ェロー2021-2024，Google for Education 認定トレーナー，日本
初の Flip 認定教員レベル３，NPO 法人学修デザイナー協会理
事で学修デザインシート開発者
日本見切れ写真協会家元
著書に『先生のための Canva ハック60+ α』『先生のための
ICT 超高速業務ハック　時間を生み出すデジタル仕事術』『先
生のための ICT ワークハック』（すべて明治図書），共著に
『逆引き版 ICT 活用授業ハンドブック』（東洋館出版社）等が
ある。

Before & After でわかる　ICT 超活用授業ハック
子どもが思考する時間を生み出す

2025年2月初版第1刷刊　Ⓒ著　者　前　多　昌　顕
　　　　　　　　　　　　　発行者　藤　原　光　政
　　　　　　　　　　　　　発行所　明治図書出版株式会社
　　　　　　　　　　　　　　　　http://www.meijitosho.co.jp
　　　　　　　　（企画）新井皓士（校正）井村佳歩
　　　　　　　　〒114-0023　　東京都北区滝野川7-46-1
　　　　　　　　振替00160-5-151318　電話03(5907)6701
　　　　　　　　　　　ご注文窓口　電話03(5907)6668
＊検印省略　　　　　　組版所　広 研 印 刷 株 式 会 社
本書の無断コピーは，著作権・出版権にふれます。ご注意ください。

Printed in Japan　　　　　　　ISBN978-4-18-441629-1

もれなくクーポンがもらえる！読者アンケートはこちらから